本书受国家自然科学基金项目（71302089）资助

技术创新导向的高管激励契约整合研究

徐 宁 著

经济科学出版社

图书在版编目（CIP）数据

技术创新导向的高管激励契约整合研究/徐宁著.
—北京：经济科学出版社，2016.6
ISBN 978-7-5141-7080-1

Ⅰ.①技… Ⅱ.①徐… Ⅲ.①企业－管理人员－激励－研究 Ⅳ.①F272.92

中国版本图书馆 CIP 数据核字（2016）第 158111 号

责任编辑：于海汛　李　林
责任校对：王肖楠
版式设计：齐　杰
责任印制：李　鹏

技术创新导向的高管激励契约整合研究

徐　宁　著

经济科学出版社出版、发行　新华书店经销
社址：北京市海淀区阜成路甲 28 号　邮编：100142
总编部电话：010-88191217　发行部电话：010-88191522
网址：www.esp.com.cn
电子邮件：esp@esp.com.cn
天猫网店：经济科学出版社旗舰店
网址：http://jjkxcbs.tmall.com
北京京鲁数码快印有限责任公司印装
710×1000　16 开　13 印张　200000 字
2016 年 7 月第 1 版　2016 年 7 月第 1 次印刷
ISBN 978-7-5141-7080-1　定价：32.00 元
(图书出现印装问题，本社负责调换。电话：010-88191502)
(版权所有　侵权必究　举报电话：010-88191586
电子邮箱：dbts@esp.com.cn）

前　言

　　单边治理与共同治理局限性的凸显与金融危机的爆发，促进了公司治理理论从以"价值分配"为导向到以"价值创造"为导向的演进路径，同时也促进了在创新经济学理论框架下对公司治理问题的全新阐释。而在实践中，随着知识经济时代的兴起与市场竞争的日趋激烈，企业之间的竞争已不再仅仅停留在产品竞争层面，而是潜入到一个更深层次——技术创新方面展开竞争。企业为了应对动荡复杂的外部环境亟须设计出高效率的技术创新导向型高管激励契约。因此，在理论演进与实践发展的双重驱动之下，高管激励效应也应该从"价值创造"的视角被重新审视与测度。

　　本书在对公司治理理论的演进路径进行分析的基础上，提出高管激励的价值创造效应观点，并以动态能力理论为基础，构建"技术创新动态能力"核心构念。继而通过对高管激励契约的特点与作用机理进行比较，系统阐释了高管激励契约的整合机理，并对单一高管激励契约以及高管激励契约整合对技术创新动态能力的影响进行实证检验。最后构建了高管激励契约整合的价值创造效应实现机制。主要贡献及创新点如下：第一，以创新经济学为基础，诠释了高管激励效应从"价值分配"到"价值创造"的演进过程，并提出"技术创新动态能力"核心构念，将"促进技术创新动态能力构建"界定为价值创造效应的具体表现。第二，基于对薪酬激励、股权激励、控制权激励与声誉激励的特性及机理比较，构建了高管激励契约整合模型，并通过实证研究方法揭示了高管激励契约及其整合对于技术创新动态能力的影响机理。第三，构建了技术创新导向的高管激励契约整合实现机制，并对技术创新导向的高管激励契约设计及基于多层次情境因素的高管激励契约动态配置两个重要子机制进行了系统阐释。

第 1 章从本书选题背景与研究意义开始，进而对研究思路、结构安排、研究方法以及创新点等方面进行概述。

第 2 章对有关高管激励契约构成及其整合，以及高管激励契约对技术创新影响的研究文献进行了系统梳理与评述，并对其各自的局限性进行了深入剖析。既有研究可以归纳为直接关联观、动态权变观与系统整合观三种研究视角，它们在理论基础、研究思路、核心关注点等方面具有明显差异，也存在各自的局限性。需要强调的是，它们存在一个共同的局限性，即对技术创新的界定基本上都局限在某个阶段（如投入或者产出等），并未持续关注整个技术创新过程。

第 3 章对传统公司治理理论框架下的利益趋同效应假说与管理层权力寻租效应假说的主要观点及其局限性进行了分析，继而对组织控制理论的核心观点进行了阐述。随着创新经济学的发展，传统公司治理理论向组织控制理论进行了演进。组织控制理论通过聚集于生产领域的创新活动，推演出创新对公司治理机制的要求，其核心是"价值创造"。组织控制理论指出，推动企业创新的公司治理机制必须体现财务支持、组织整合和战略控制。作为公司主要的"内部人"的高管，拥有资源配置权力，成为推动企业创新的主要力量。高管激励作为重要的治理机制，也应该从价值创造视角出发，以企业技术创新动态能力的构建为导向进行重新界定与系统诠释。

  第4章以动态能力理论为基础，构建技术创新动态能力核心构念，并对其进行维度解构。考虑到技术创新的不确定性、长期性以及累积性等特征，引用动态能力的内涵，将"技术创新动态能力"界定为"为积极应对环境变化，企业持续地进行一定的技术创新投入，带来相应的技术创新产出，并能进行有效技术创新转化的能力"。并运用中国高科技上市公司数据进行实证研究表明，技术创新动态能力是由投入能力、产出能力与转化能力三个维度构成的。技术创新投入是技术创新的必要条件，也是创新过程的开端，只有投入足够的物质资本与人力资本，才能为创新提供丰富的资源条件。技术创新产出是技术创新过程的直接成果，如专利等。但需要强调的是，技术创新产出也是创新过程的一部分，并不是最终成果。若想技术创新能够真正地创造价值，还必须进行有效的转化。技术创新产出经过转化，成为能够为公司创造价值的资产，才真正实现了技术创新的目的。

  第5章首先运用理论演绎方法，对显性激励契约与隐性激励契约的内涵、特性及激励机理进行分析。继而运用中国高科技上市公司的平衡面板数据，分别对薪酬激励、股权激励、控制权激励、声誉激励等单一激励契约对技术创新动态能力的影响进行实证检验。实证结果表明：第一，单一高管薪酬激励契约与技术创新动态能力之间并不具有显著的直接关联性，甚至对技术创新转化能力会产生一定的负面影响；第二，单一股权激励契约与技术创新投入能力之间具有显著的倒"U"型关系，但与技术创新动态能力及其他两个维度之间并不具有显著关联性；第三，单一控制权激励契约与技术创新动态能力及其三个维度之间均存在倒"U"型关系；第四，单一声誉激励契约与技术创新动态能力之间不存在显著的直接关联性。上述实证结果均表明，单一运用任何一种高管激励契约，均难以对技术创新产生显著的促进效应，而多种激励契约的整合才真正能够对技术创新动态能力产生显著影响。

第6章首先从激励周期、报酬性质、报酬强度决定因素、过程明确性、激励相容路径等多重维度出发对不同高管激励契约的特征及作用机理进行比较，并在此基础上阐述了激励契约的整合原理。继而运用中国高科技上市公司的平衡面板数据，对高管激励契约对技术创新动态能力的整合效应进行实证检验，得出以下结论：第一，采用复合型显性激励契约配置方式的上市公司，其技术创新动态能力明显高于采用单一型显性激励契约配置方式的公司；复合型显性激励契约对于技术创新投入能力与产出能力的影响更为显著；薪酬激励与股权激励在对上市公司技术创新动态能力作用的过程中具有协同效应，两者的有机整合才能对技术创新动态能力产生促进作用。第二，采用复合型隐性激励契约配置方式的上市公司，其技术创新动态能力明显高于采用单一型隐性激励契约配置方式的公司；复合型隐性激励契约对于技术创新投入转化能力的影响更为显著；控制权激励与声誉激励在对上市公司技术创新动态能力作用的过程中具有协同效应，两者的有机整合才能对技术创新动态能力产生促进作用。第三，采用全面复合型激励契约配置方式的上市公司，其技术创新动态能力明显高于其他公司。在对技术创新动态能力作用的过程中，薪酬激励、股权激励与控制权激励、薪酬激励、股权激励与声誉激励之间均具有三维交互效应。

第7章根据前面的理论分析与实证研究结论，构建技术创新导向的高管激励契约整合实现机制。该机制包含技术创新导向的高管激励契约整合设计与基于多层次情境因素的高管激励契约动态配置两个子机制，两者的共同运作，是高管激励契约整合的价值创造效应实现的前提与基础。

第8章主要对本书的研究结论进行总结，并说明研究的局限性以及展望未来的相关研究点。

由于篇幅与水平所限，本书仍在样本选择、变量定义等方面存在一定的局限性。后续研究将进一步通过"理论演绎——大样本统计分析——案例研究"这个综合性框架，深入探讨如何根据不同情境因素的变化，对高管激励契约进行动态配置，以期为高管激励研究领域提供更为可靠的经验证据，同时也进一步为企业进行创新导向的高管激励契约设计提供更为具体的理论指导。

目　　录

第 1 章　导论 …………………………………………………… 1

　1.1　选题背景与研究意义 ……………………………………… 1
　1.2　研究思路与结构安排 ……………………………………… 7
　1.3　研究方法与主要创新点 …………………………………… 10

第 2 章　文献梳理与评述 ……………………………………… 13

　2.1　高管激励契约构成及整合研究评述 ……………………… 13
　2.2　高管激励契约对技术创新的影响研究评述 ……………… 21
　本章小结 ………………………………………………………… 37

第 3 章　高管激励效应的演进：从价值分配到价值创造 …… 38

　3.1　基于价值分配的高管激励效应 …………………………… 38
　3.2　基于价值创造的高管激励效应 …………………………… 42
　本章小结 ………………………………………………………… 46

第 4 章　技术创新动态能力的理论释义与维度解构 ………… 48

　4.1　技术创新动态能力的理论释义 …………………………… 48
　4.2　技术创新动态能力的维度解构 …………………………… 55
　本章小结 ………………………………………………………… 65

第5章 单一高管激励契约与技术创新动态能力构建 …… 67

5.1 高管显性激励契约的内涵、构成及特征 …………………… 67
5.2 高管隐性激励契约的内涵、构成及特征 …………………… 76
5.3 单一高管激励契约对技术创新动态能力
    影响的实证检验 ………………………………………………… 84
    本章小结 …………………………………………………………… 107

第6章 高管激励契约整合与技术创新动态能力构建 …… 108

6.1 高管激励契约机理比较与整合原理阐释 …………………… 108
6.2 显性激励契约整合对技术创新动态能力
    影响的实证检验 ………………………………………………… 119
6.3 隐性激励契约整合对技术创新动态能力
    影响的实证检验 ………………………………………………… 133
6.4 四种激励契约整合对技术创新能力影响的实证检验 …… 144
    本章小结 …………………………………………………………… 154

第7章 技术创新导向的高管激励契约整合实现机制 …… 156

7.1 模型构建与机制描述 ………………………………………… 156
7.2 技术创新导向的高管激励契约设计 ………………………… 158
7.3 基于多层次情境因素的高管激励契约动态配置 ………… 165
    本章小结 …………………………………………………………… 172

第8章 结论与展望 ……………………………………………… 174

8.1 主要研究结论 …………………………………………………… 174
8.2 局限性与未来研究展望 ……………………………………… 176

参考文献 ……………………………………………………………… 179
后记 …………………………………………………………………… 195

第1章

导 论

近年来，创新经济学开始集中考察在企业层面上创新引入的决定因素以及这种引入所产生的影响，技术创新与制度创新的互动关系问题成为该理论体系的重要构成。作为企业制度的核心，公司治理对技术创新的促进效应逐渐受到国内外学者们的关注。其中，设计合理的高管激励契约是引导公司高管支持技术创新的动机与行为，持续提升公司技术创新能力的关键。本章从选题背景与研究意义开始，进而对研究思路、结构安排、研究方法以及创新点等方面进行概述。

1.1 选题背景与研究意义

1.1.1 选题背景

具有可持续性的技术创新能力是现代企业在高度动态的竞争环境中得以生存与发展的必要条件。一般而言，企业是自主创新的真正主体。但同美、日等国相比，中国的大多数企业还未成为创新主体。研究表明，中国企业的 R&D 投入与专利数量与政府以及高等学校大致相当，说明政府与高校在技术创新中仍然发挥着重要作用[1]。然而，只有企业真正成为创新主体，才能在企业内部形成持续的技术创新能力，从而在全球范围内的激烈竞争中维持生存与稳步发展。一直以来，在中国企业的实践中，缺乏技术创新能力所带来的危机与窘境不胜枚举：多年前的 DVD 企业危机，直至近年来的 LED 产业萎靡，无不警示了中国企业在自主创新方面缺失所隐匿的潜在风险；中国代工企业微薄的利润以及极其微弱的讨价还价能力，也深刻预示着改变产业结构的紧迫性。而上述现状的改变，均迫切要求企业真正成为创新主体，最终实现从"中国制造"到"中国创造"的质变。

如何实现上述历史性的演变？如何使中国企业拥有持续的技术创新能力，成为理论界与实践界普遍关注的焦点问题。贝洛克（Belloc，2012）指出，以熊彼特为代表的传统创新经济学理论均难以解释："为何在相似的外部环境中，不同公司却具有迥异的技术创新能力？"近年来，为解决上述难题，创新经济学开始逐步考察在企业层面上创新引入的决定因素以及这种引入所产生的影响，技术创新与制度创新的互动关系问题成为该理论体系的重要构成，而制度创新对于技术创新的重要作用受到了国内外学者的认知。以此为框架而产生的组织控制理论（Organizational Control Theory）为上述问题提供了更为独到而深刻的见解[2]。该理论指出，作为企业制度的核心，公司治理的主旨应是通过资源的有序协调与合理配置而实现对技术创新的支持作用（O'Sullivan，2000）[3]。而那些拥有资源配置权力的高层管理者也被认为是技术创新或生产要素组合的主要组织者与推动者，使他们有能力且有意愿地进行技术创新投资、促进价值创造是现阶段公司治理的重要导向

---

[1] 邓金堂：《基于自主创新目标的国有高技术企业激励机制研究》，经济科学出版社 2007 年版，第 4 页。

[2] Belloc F. Corporate governance and innovation: A survey. Journal of Economic Surveys, 2012, 26 (5): 835–864.

[3] O'Sullivan M. The innovation enterprise and corporate governance. Cambridge Journal of Economics, 2000, 24 (4): 393–416.

之一。

詹森和麦考林（Jensen and Meckling）在发表于1976年的文献中指出，高管行为对于企业的有效运作与持续发展具有举足轻重的作用，而有效的高管激励契约能够促进高管的利益与委托人相一致，从而使其选择和实施真正以公司利益为导向的活动[①]。然而，高管激励是否能够真正起到上述作用？这一直是充满争议的论题。特别是2002年爆发"安然丑闻事件"以后，上市公司经营者与业绩明显脱钩的过高薪酬，特别是股票期权的滥用引发了广泛的质疑和争议，理论研究者、实践者与政策制定者等开始了高管激励效应的质疑与再次审视（Bebchuk and Fried，2003）。而近期席卷全球的金融危机，尤其是西方国家金融机构高管激励机制的失灵以及房地美、房利美与帕玛拉特等公司丑闻的陆续披露，再次将高管激励推到风口浪尖。究竟高管激励是解决委托代理问题的手段还是导致委托代理问题的来源？因此，后金融危机时代的高管激励设计受到国内外学者的重新审视与普遍关注，学者们开始深入探讨如何实现高管激励机制的预期效应。

在实践中，与国外高管激励制度相比，中国上市公司高管激励还处于不断探索的阶段。2006年《上市公司股权激励管理办法（试行）》的颁布标志着股权激励制度正式引入中国，而诸多上市公司成为股权激励制度的实践者，随着股权激励制度的发展，在上市公司中也大致形成了货币薪酬激励（以下简称"薪酬激励"）、股权激励、控制权激励、声誉激励的高管激励体系。在此背景下，本书将高管激励契约整合的价值创造效应作为切入点，系统研究典型的显性激励契约与典型的隐性激励契约及其整合对技术创新动态能力构建的影响，克服了现有文献的局限性，深化与拓展了现有研究领域，并为中国上市公司，尤其是高科技上市公司进行高管激励契约设计提供更为可靠的理论支持。

[①] Jensen M. C. and Meckling W. H. Theory of the firm: Managerial behavior, agency costs and ownership structure. Journal of Financial Economics, 1976, 3 (4): 305-360.

1.1.2 研究意义

1. 理论意义

作为公司治理研究领域中的重要命题，高管激励（Executive Incentives）有着较长的研究历程。已有研究多将高管激励与公司绩效之间的关系作为高管激励效应研究的逻辑起点，倾向于用公司财务绩效指标来衡量激励效应。近年来，以创新经济学为基础而产生的组织控制理论（Organizational Control Theory），推动了公司治理的核心问题从"价值分配"到"价值创造"的转变。该理论指出，良好的公司治理能够通过资源的有效配置与合理协调来促进企业的技术创新（O'Sullivan, 2000）①。诸多学者也开始从制度创新与技术创新的协同视角出发，深入探讨促进高管团队支持创新的公司治理制度体系，并积极探索促进技术创新的制度变革（Wright et al., 2007; Chen, 2011; Qian, 2013）。

组织控制理论指出，公司治理的主旨应是通过资源的有序协调与合理配置而实现对技术创新的支持作用。该理论以价值创造为中心，以创新资源配置观为基础，以支持创新的公司治理制度为研究主体，采取了与单边治理、共同治理截然不同的演绎路径。根据该组织控制论，财务承诺（Financial Commitment）、战略控制（Strategic control）与组织整合（Organizational integration）是支持创新的公司治理机制所必须具备的三个条件。这里的战略控制是指赋予决策者配置资源以应对创新过程所固有的技术、市场和竞争不确定性的权力。为了促进创新，占据公司战略决策位置的人必须有能力和动力把资源配置于创新投资战略②。

国内外诸多学者开始将高管激励契约与技术创新的关联性作为研究

---

① [美]奥沙利文（O'Sullivan）：《公司治理百年——美国和德国公司治理演变》，人民邮电出版社2007年版。

② O'Sullivan M. The innovation enterprise and corporate governance. Cambridge Journal of Economics, 2000, 24 (4): 393-416.

重点（Wu and Tu，2007；李春涛，宋敏，2010；Tien and Chen，2012；Baranchuk et al.，2014），但多数文献将高管激励锁定于货币薪酬激励、股权激励等显性激励（Explicit Incentives），并且由于数据易得性等原因，只关注于高管激励对技术创新投入的影响。由此可知，已有研究体系具有明显的局限性。这首先体现在，已有研究忽视了隐性激励（Implicit Incentive）对技术创新的重要作用。高管激励是一个契约体系，显性激励与隐性激励并存（Dale-Olsen，2012）。显性激励是在一定时限内高管可获得的实质性补偿的总和，具有明确的合同约定，如货币薪酬激励、股权激励等。隐性激励则是一种寻求代理成本最小化的补偿性契约安排，并不存在明确的合同约定，但具有能够使被激励者实现自我激励、激励作用持久等优势。但至今，鲜有研究对高管激励对技术创新能力的整合效应进行系统的理论与实证研究。因此，对上述论题进行深入剖析是对现有研究体系的深化与拓展。

此外，目前有关技术创新的实证研究多将研发（R&D）投入作为技术创新的操作变量。但在实践中，研发过程中的投入只是创新实现的必要而非充分条件，研发过程的复杂性和风险性也决定了其结果的不确定性（顾群，翟淑萍，2012）。因此，仅用研发投入对技术创新能力进行量化是有待商榷的。笔者认为，"技术创新动态能力"才是体现技术创新的过程性与累积性、全面诠释技术创新能力的综合指标。因此，本书以创新经济学框架下的组织控制理论为基础，对高管激励效应进行重新界定与测度，即从促进技术创新动态能力构建这个重要维度对管理层效应进行重构，突破采用公司绩效或价值来衡量激励效应的局限，并对高管激励及其整合效应进行实证检验，在一定程度上克服了已有研究在视角、思路与方法的局限，以期进一步深化与拓展高管激励的研究领域，具有重要的科学意义与学术价值。

2. 实践意义

理论研究表明，高管对于技术创新投资等复杂的战略决策有着直接的影响，对技术创新战略的成功与否起着关键作用（Alessandri and Pattit, 2014)①。在实践中，拥有资源配置权力的高层管理者是技术创新或生产要素组合的主要组织者与推动者，通过多重途径使他们有能力且有意愿进行技术创新投资，是形成企业持续创新能力的关键。然而，代理问题的存在导致高管更加关注财富、权力以及个人利益的最大化，从而削弱了其对创新的追求（Wright and Narrow, 2001)②。因此，设计合理的高管激励契约是引导公司高管支持技术创新的动机与行为，持续提升公司技术创新能力的关键。

迄今为止，国外上市公司的高管激励体系已较为成熟，主流方式包括货币薪酬激励、股权激励、控制权激励等。在该体系中，短期激励与长期激励、物质激励与非物质激励、显性激励与隐性激励相得益彰（Dale–Olsen, 2012)③。而与国外高管激励制度相比，中国上市公司高管激励还处于不断探索的阶段。长期以来，中国上市公司一直奉行较为单一的激励报酬形式，而且管理层获取的经济收益与其所付出的劳动价值以及对上市公司做出的贡献严重失衡，严重影响了公司治理的效率。股权分置改革以及相关政策的出台，为中国上市公司股权激励制度的推行扫清了部分制度性障碍，2006 年《上市公司股权激励管理办法（试行)》的颁布标志着股权激励制度正式引入中国，至今，仍是上市公司对股权激励这种长期激励机制进行探索应用的关键时期。不论是上市公司本身发展的诉求，还是政策法规环境的进一步成熟，均推动高管激励机制的进一步完善。以此为契机，构建技术创新导向的高管激励契约体系是提高上市公司治理水平与技术创新能力的前提。

技术创新具有长期性与不确定性，比如，根据创新程度的不同，从新思想的提出到发明成功再到创新的成功，所需时间从数年到上百

---

① Alessandri T. M., Pattit J. M. Drivers of R&D investment: The interaction of behavioral theory and managerial incentives. Journal of Business Research, 2014, 67 (2): 151–158.

② Wright L. T., Narrow C. Improving Marketing Communication & Innovation Strategies in the Small Business Context. Small Business Economics, 2001, 16 (2): 113–123.

③ Dale–Olsen H. Executive pay determination and firm performance: Empirical evidence from a compressed wage environment. Manchester School Journal, 2012, 80 (3): 355–376.

年不等①。虽然随着创新管理工具的发展,创新周期有缩短的趋势,但技术创新回报一般在长期才能实现。由于技术创新的上述特征,某些自利型高管将会牺牲公司的长期利益来获得短期效益。除此之外,技术创新也同时具有动态性。在实践中,技术创新水平虽然会受到研发投入绝对额的影响,但其应该更取决于研发投入的产出效率。如果研发投入产出效率较低,那么即使投入大量研发资金也无济于事,并且近年来虽然我国企业的研发投入不断快速增长,增长速度达到170%②,但创新水平却并未得到显著提高③。而目前研究中多以研发投入为主要指标,这样的研究结论对于实践的指导意义会大大减弱。

本书将以技术创新动态能力的构建作为高管激励价值创造效应的主要衡量指标,对技术创新进行动态拓展,并结合中国上市公司的实践,深入剖析中国上市公司高管激励对技术创新的作用机理,积极探索中国上市公司技术创新导向的高管激励契约的优化途径,克服了已有研究的不足,为中国上市公司进行技术创新导向的高管激励契约设计提供更为可靠的理论支持。

1.2 研究思路与结构安排

1.2.1 研究思路

本书的研究思路如图 1-1 所示。

---

① 蔡晓月:《熊彼特式创新的经济学分析——创新原域、连接与变迁》,复旦大学出版社2009年版。
② 梁莱歆、马如飞:《R&D 资金管理与企业自主创新——基于我国信息技术类上市公司的实证分析》,载《财经研究》2009 年第 8 期,第 49~59 页。
③ 梁莱歆、马如飞、田元飞:《R&D 资金筹集来源与企业技术创新——基于我国大中型工业企业的实证研究》,载《科学学与科学技术管理》2009 年第 7 期,第 89~93 页。

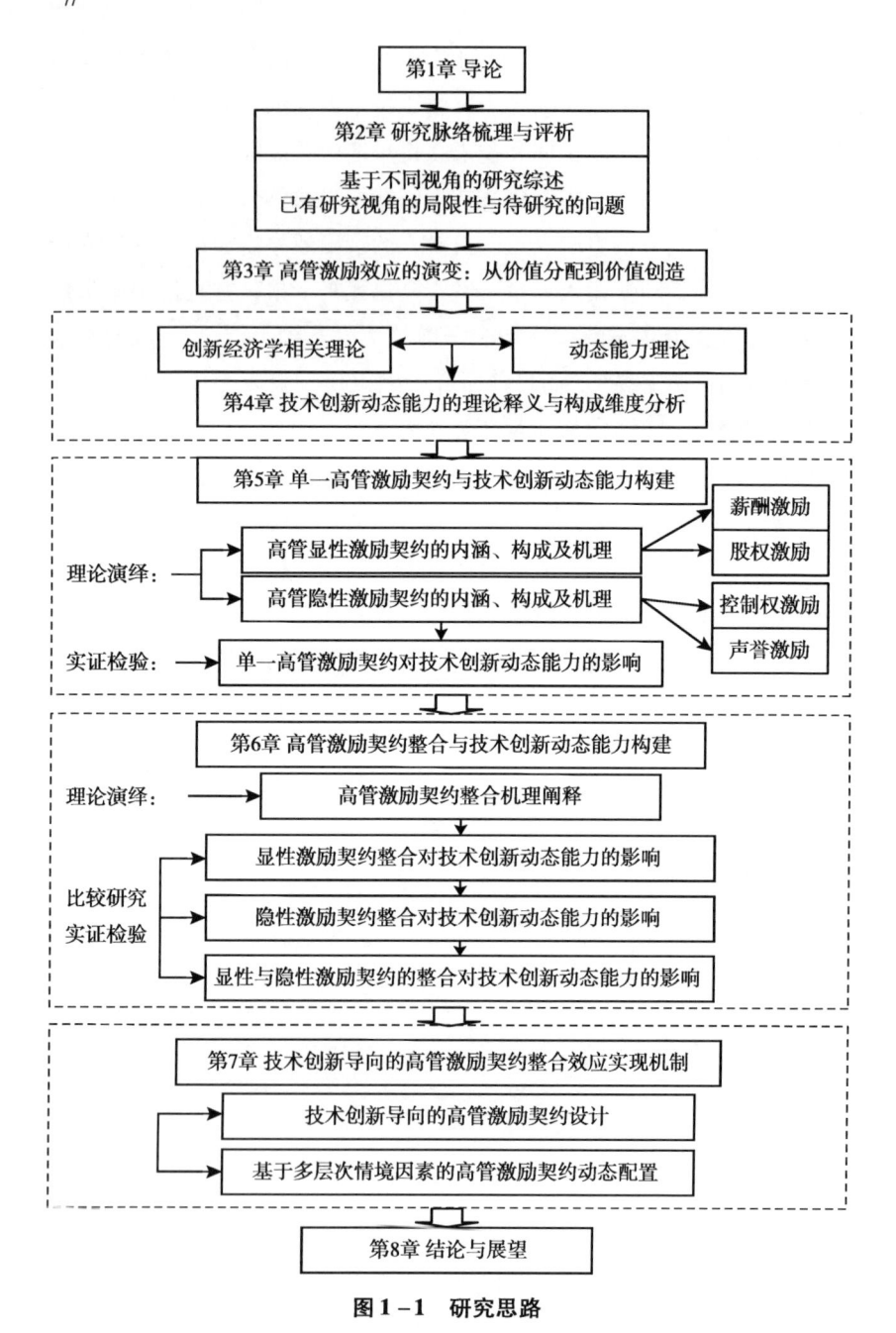

```
                            ┌─────────────────────┐
                            │   第1章 导论        │
                            └─────────────────────┘
                                      ↓
                        ┌───────────────────────────────┐
                        │   第2章 研究脉络梳理与评析      │
                        ├───────────────────────────────┤
                        │   基于不同视角的研究综述        │
                        │   已有研究视角的局限性与待研究的问题 │
                        └───────────────────────────────┘
                                      ↓
                        ┌───────────────────────────────┐
                        │ 第3章 高管激励效应的演变：从价值分配到价值创造 │
                        └───────────────────────────────┘
                                      ↓
    ┌──────────────────────────────────────────────────────────────┐
    │     ┌──────────────────┐         ┌──────────────────┐        │
    │     │  创新经济学相关理论 │ ←→     │   动态能力理论    │       │
    │     └──────────────────┘         └──────────────────┘        │
    │         ┌───────────────────────────────────────────┐        │
    │         │ 第4章 技术创新动态能力的理论释义与构成维度分析 │       │
    │         └───────────────────────────────────────────┘        │
    └──────────────────────────────────────────────────────────────┘
                                      ↓
    ┌──────────────────────────────────────────────────────────────┐
    │      ┌─────────────────────────────────────────────┐          │
    │      │ 第5章 单一高管激励契约与技术创新动态能力构建    │         │
    │      └─────────────────────────────────────────────┘          │
    │                     ┌──────────────────────────────┐  ┌─薪酬激励┐│
    │  理论演绎：  →      │ 高管显性激励契约的内涵、构成及机理 │→│股权激励 ││
    │                     └──────────────────────────────┘  └────────┘│
    │                     ┌──────────────────────────────┐  ┌控制权激励┐│
    │                     │ 高管隐性激励契约的内涵、构成及机理 │→│声誉激励 ││
    │                     └──────────────────────────────┘  └────────┘│
    │  实证检验： →       ┌──────────────────────────────────────┐   │
    │                     │ 单一高管激励契约对技术创新动态能力的影响 │   │
    │                     └──────────────────────────────────────┘   │
    └──────────────────────────────────────────────────────────────┘
                                      ↓
    ┌──────────────────────────────────────────────────────────────┐
    │         ┌─────────────────────────────────────────┐           │
    │         │ 第6章 高管激励契约整合与技术创新动态能力构建 │          │
    │         └─────────────────────────────────────────┘           │
    │  理论演绎： →       ┌──────────────────────────┐              │
    │                     │   高管激励契约整合机理阐释   │             │
    │                     └──────────────────────────┘              │
    │                     ┌──────────────────────────────────┐      │
    │                     │ 显性激励契约整合对技术创新动态能力的影响 │   │
    │  比较研究           └──────────────────────────────────┘      │
    │  实证检验           ┌──────────────────────────────────┐      │
    │                     │ 隐性激励契约整合对技术创新动态能力的影响 │   │
    │                     └──────────────────────────────────┘      │
    │                     ┌────────────────────────────────────────┐│
    │                     │ 显性与隐性激励契约的整合对技术创新动态能力的影响 ││
    │                     └────────────────────────────────────────┘│
    └──────────────────────────────────────────────────────────────┘
                                      ↓
    ┌──────────────────────────────────────────────────────────────┐
    │      ┌────────────────────────────────────────────┐           │
    │      │ 第7章 技术创新导向的高管激励契约整合效应实现机制 │         │
    │      └────────────────────────────────────────────┘           │
    │                 ┌────────────────────────────────┐            │
    │                 │   技术创新导向的高管激励契约设计    │           │
    │                 └────────────────────────────────┘            │
    │                 ┌────────────────────────────────────┐        │
    │                 │ 基于多层次情境因素的高管激励契约动态配置 │       │
    │                 └────────────────────────────────────┘        │
    └──────────────────────────────────────────────────────────────┘
                                      ↓
                            ┌─────────────────────┐
                            │   第8章 结论与展望   │
                            └─────────────────────┘
```

图 1-1 研究思路

资料来源：作者根据相关文字内容整理。

1.2.2　结构安排

除第 1 章与第 8 章之外，本书的主体内容共 6 章。各章的主要内容如下：

第 2 章对有关高管激励契约构成及其整合，以及高管激励契约对技术创新促进效应的研究文献进行了系统梳理与评述，并对其各自的局限性进行了深入剖析。

第 3 章对传统公司治理理论框架下的利益趋同效应假说与管理层权力寻租效应假说的主要观点及其局限性进行了分析，继而对组织控制理论的核心观点进行了阐述，得出高管激励效应向价值创造导向演变的观点。

第 4 章以动态能力理论为基础，构建技术创新动态能力核心构念，并运用因子分析方法对其进行维度解构。

第 5 章首先对显性激励契约与隐性激励契约的内涵与外延进行界定，并分别对主要激励契约的特性及激励机理进行系统分析。然后，运用中国高科技上市公司的平衡面板数据，对单一激励契约对技术创新动态能力的影响进行实证检验，从而对单一激励契约的价值创造效应进行深入分析。

第 6 章以不同激励契约的作用机理比较为基础，构建了高管激励契约整合模型，对高管激励契约的整合机理进行系统阐释。并运用中国高科技上市公司的平衡面板数据，对高管薪酬激励、股权激励等显性激励契约，控制权激励、声誉激励等隐性激励契约对技术创新动态能力的整合效应进行实证检验。

第 7 章根据前面的理论与实证研究结论，结合上市公司的实践，构建技术创新导向的高管激励契约整合实现机制。并以该机制为基础，对实现价值创造效应的基本途径进行深入阐述。

1.3 研究方法与主要创新点

1.3.1 研究方法

1. 理论演绎方法

在对国内外研究脉络进行梳理的基础上，以创新经济学、制度经济学相关理论等为支撑，对已有的研究视角进行对比与辨析，深入剖析其共有局限，并基于委托代理理论、组织控制理论等，重新界定与测定高管激励效应。并通过构建技术创新导向的高管激励整合效应实现机制，对上市公司高管激励契约优化途径进行探索，从而系统诠释使高管激励预期效应真正得以发挥的规范性安排，针对中国上市公司提出诸多制度优化的具体措施。

2. 经济计量方法

本书运用计量经济学等方法，构建相应的计量模型和数理模型，如因子分析、独立样本 T 检验、相关性分析、面板数据分析等方法，运用中国上市公司的平衡面板数据进行实证检验。具体而言，运用因子分析方法，对技术创新动态能力进行维度解构，运用独立样本 T 检验方法对采用不同高管激励契约配置方式的上市公司的技术创新动态能力均值进行比较分析，运用相关性分析与面板数据分析等方法，对单一高管激励契约以及它们的整合对技术创新动态能力的影响进行实证研究。

3. 比较研究方法

比较研究法是研究两个或多个同类或相近事物的重要定性方法。本书对显性激励与隐性激励的特性与作用机理等进行比较分析,并对薪酬激励、股权激励、控制权激励、声誉激励等不同激励契约的作用机理进行比较,在差异比较的基础上构建了高管激励契约整合模型。运用独立样本 T 检验方法,通过对采用不同高管激励契约配置方式的上市公司进行对比分析,为理论与实证检验结果提供了更为丰富的理论支持。

1.3.2　主要创新点

第一,以创新经济学为基础,诠释了高管激励效应从"价值分配"到"价值创造"的演进过程,并提出"技术创新动态能力"核心构念,将"促进技术创新动态能力构建"界定为价值创造效应的具体表现。

作为公司治理的一个重要命题,高管激励研究已有较长历史。已有相关研究多将高管激励与公司绩效之间的关系作为高管激励效应研究的逻辑起点,通常用公司财务绩效指标来衡量激励效应。近年来,基于创新经济学发展起来的组织控制理论指出,有效的公司治理能够通过有效配置和合理整合资源来促进企业的技术创新。而在现实中,企业为了应对动荡复杂的外部环境与日益激烈的市场竞争亟须设计出高效率的技术创新导向型高管激励契约。本书通过对传统公司治理理论框架下的利益趋同效应假说与管理层权力寻租效应假说进行的主要观点及其局限性进行了分析,继而对组织控制理论的核心观点进行了阐述,得出高管激励效应向价值创造导向演进的观点。并且,针对目前研究中对于技术创新变量多为单一阶段或者静态分析的现状,本书借鉴动态能力理论的核心观点,提出了"技术创新动态能力"这一核心构念,并运用理论与实证研究对技术创新动态能力的构成维度进行解构,然后从高管激励对于技术创新投入到产出,乃至转化的整个过程的影响机理入手,将两者之间的关系进行纵向拓展。

第二,基于对薪酬激励、股权激励、控制权激励与声誉激励的特性与机理比较,构建了高管激励契约整合模型,并通过实证研究方法揭示了高管激励契约及其整合对于技术创新动态能力的影响机理。

由于数据可得性等原因，目前研究主要集中于薪酬、股权等显性激励对技术创新的影响，而忽视了对声誉、晋升等隐性激励作用的探讨。但在实践中，隐性激励是发挥着重要作用的，且具有激励作用持久、激励成本低等特征，对显性激励是一种重要补充。本书首先对显性激励契约与隐性激励契约的内涵与外延进行界定，分别对主要激励契约的特性及激励机理进行系统分析。然后以不同激励契约的作用机理比较为基础，构建了高管激励契约整合模型，系统深入地阐释了高管激励契约整合机理，并运用中国高科技上市公司的平衡面板数据，对高管薪酬激励、股权激励等显性激励契约，控制权激励、声誉激励等隐性激励契约对技术创新动态能力的整合效应进行实证检验，揭示了高管激励契约及其整合对技术创新动态能力的影响机理。

第三，构建了技术创新导向的高管激励契约整合实现机制，并对技术创新导向的高管激励契约设计与基于多层次情境因素的高管激励契约动态配置两个子机制进行了系统阐释。

根据理论分析与实证研究结论，本书构建了技术创新导向的高管激励契约整合实现机制。该机制包含技术创新动态能力构建导向的高管激励契约设计与基于多层次情境因素的高管激励契约动态配置两个子机制。技术创新导向的高管激励契约设计强调以技术创新动态能力构建为核心，强化股权激励与声誉激励，弱化薪酬激励与控制权激励。基于多层次情境因素的高管激励契约动态配置旨在揭示在不同层次的情境因素影响之下，显性激励与隐性激励、短期薪酬激励与长期股权激励、控制权激励与声誉激励等激励契约之间如何进行合理配置并实现协同。情境因素一般分为三个层面：高管个体层面、公司层面与制度环境层面。高管个体层面的情境因素是较为微观的一个层面，以高管人口统计特征与个性特征、高管职业背景、高管教育背景等为主。公司层面的情境因素是中观层面的因素，以公司基本特征、公司治理特征以及公司战略特征为主。制度环境层面的情境因素是宏观层面的因素，以经理人市场状况、资本市场状况以及市场竞争程度为主。两者的共同运作，是高管激励契约整合的价值创造效应实现的前提与基础。

第 2 章

文献梳理与评述

信息不对称、契约不完全以及委托人与代理人目标函数的不一致，导致了现代公司中代理问题的存在。制定合理的高管激励契约，是促进代理人利益与公司利益的趋同，实现公司治理目标的关键环节。但实践中，却屡屡发生高管激励背道而驰，降低公司治理效率的现象。鉴于此，高管激励效应的研究成为公司治理研究领域中的重要命题，产生了较多有价值的成果与观点，但却在研究视角、思路与方法等方面存在诸多局限。本章对有关高管激励契约构成及其整合，以及高管激励契约对技术创新促进效应的研究文献进行系统梳理与评述，并对其各自的局限性进行深入剖析。

2.1 高管激励契约构成及整合研究评述

2.1.1 高管激励契约的构成

股东与经营者之间的冲突反映为管理者利用职权侵占公司利益，解决该类问题的关键是通过建立适当的机制来对其进行激励与监督。高管激励根据不同的划分依据，可以分为不同的类型，包括物质激励与精神激励、短期激励与长期激励、显性激励与隐性激励等。

具体而言，国内外的高管激励体系略有差异，在詹森和墨菲（Jenson and Murphy, 1990）的研究中指出，高管获得报酬与激励的方式通常包括以下三类：现金薪酬（Cash Compensation），如年薪、奖金等；股权或期权激励（Portfolio of Stock and Options）；非货币激励（Nonmonetary Incentives），如权力（Power）、威望（Prestige）、公众形象（Public Visibility）等所带来的收益等[1]。也有学者将高管激励机制分为，货币薪酬激励（Cash pay，如基本薪资与奖金）、长期激励机制（Long-term Incentives，如股票期权、限制性股票）、特殊津贴（Perquisites，如退休金、在职消费）等（Filatotchev and Allcock, 2010）[2]。迪尔—奥尔森（Dale - Olsen, 2012）指出，国外的高管激励除包括奖金、股票期权或限制性股票之外，还包括养老金计划（Pension plans）、津贴（Fringe Benefits）、签约费（Sign-on Fees）等[3]。

而国内学者郑丽勇，闵学勤（2001）把对高管激励组合界定为功利性激励和象征性激励。功利性激励是指企业对员工工作给予的物质报酬，如工资、福利、股权、期权以及职务消费等。象征性激励是指企业满足员工的社会的和心理方面的非物质的需求，如成就、地位、尊重、友谊、安全、健康、自由、成长等。李垣、张完定（2002）将高管激励为物质激励和非物质激励的组合，物质激励包括薪水、奖金和股权，非物质激励主要表现为声誉和控制权，并认为在不同需求条件非物质激励和物质激励可以实现一定程度的节约和替代。最为常见的激励契约包括以下几类：

1. 现金薪酬激励（Monetary Compensation）

现金薪酬激励的界定有广义与狭义之分。广义的薪酬是指在雇佣关

---

[1] Jensen, M. C. and K. J. MurPhy. CEO Incentives—It's not How Much You Pay, but How. Harvard Business Review, 1990, 68 (3): 138 - 153.

[2] Filatotchev, I. and Allcock, D. Corporate Governance and Executive Remuneration: A Contingency Framework. Academy of Management Perspectives, 2010, 24: 20 - 32.

[3] Dale - Olsen, H. Executive Pay Determination and Firm Performance: Empirical Evidence from A Compressed Wage Environment. The Manchester School, 2012, 80 (3): 355 - 376.

系中雇员通过为企业提供劳动而从雇主那里得到的回报，这种回报可能包括各种直接和间接、内在的和外在的货币收入以及各种具体的服务和福利。因此，以英美模式为例，广义的薪酬包括基本薪酬、年度奖金、长期激励（股票、股权等收入）、养老金计划和津贴等构成。而狭义的薪酬激励仅仅指短期薪酬激励计划，通常为年薪制，多为年度支付，也有些薪酬计划是每季度或每半年测量绩效一次并支付绩效薪酬。一般包含基本年薪与绩效年薪，主要用于回报高管现期或上年度对公司的贡献。其中，基本年薪是与业绩无关的报酬，是指年度基本工资和其他常规报酬。尽管上市公司高管层的基本年薪占其总收入的比重在不断下降，但经理们对工资仍然非常关注。而绩效年薪一般是基于会计基础业绩的，比如每股收益、公司利润、收入、销售额以及一系列有关市场成长和市场相对成功度的评判标准[①]。

2. 股权激励（Equity-based Incentives）

股权激励界定方式较多，且有广义与狭义之分。广义的股权激励涵盖内容较宽泛，可以根据不同的标准划分为不同类型，如按照基本权利义务关系的不同，可以分为现股激励、期股激励与期权激励，又如按照激励对象划分，股权激励可以分为员工持股计划（Employee Stock Owner Plans, ESOP）和管理层持股（Management Ownership）等。而狭义的股权激励一般是指股票期权激励计划（Stock Options），即授予激励对象在未来一定时间内以预定的价格（行权价格）和条件购买一定数量本公司股票的权利。徐宁（2012）将股权激励界定为：经营者及核心员工等通过获得公司股权赋予的经济权利，参与企业决策、共享利润、共担风险，使其能够以公司的长远利益为出发点，更加勤勉地为公司发展服务的一种激励方式[②]。

---

① 马永斌：《公司治理与股权激励》，清华大学出版社 2010 年版，第 304 页。
② 徐宁：《中国上市公司股权激励契约安排与制度设计》，经济科学出版社 2012 年版，第 2 页。

3. 控制权激励 (Control Right Incentives)

控制权激励是一种重要的非物质激励。正如麦克莱兰（McClelland，1976）所说，权力是一种巨大的激励力量。一般而言，企业的收益可以分解为控制权收益和货币收益，学者们由此对企业的权利安排进行了深入的研究（Harris and Raviv，1988；Aghion and Botlto，1992）。他们提出，货币收益是货币形态的收益，容易量化，而控制权收益是控制者通过对控制权的行使而占有的难以量化的全部价值之和，这些收益一般为拥有控制权的企业家或高管人员所直接占有，如特殊权力带来的满足感、可享受到有形或无形的在职消费（Perk）等[①]。

黄群慧（2000）指出，企业家控制权激励机制是一种通过决定是否授予特定控制权以及选择对授权的制约程度来激励约束企业家行为的制度安排。从本质上看，企业家控制权激励机制是一种动态调整企业家控制权的决策机制，决策的内容包括是否授予控制权、授予谁和授权后如何制约等，决策的结果在很大程度影响着企业家的产生、努力程度和行为。张亚双（2001）也认为在管理者的激励机制中控制权激励是最重要的影响因素。司强（2003）提出，现代企业成为"激励性契约"的组合。激励机制主要通过在货币资本和核心人力资本之间分配企业控制权和剩余索取权来达到，即控制权激励和剩余索取权激励。这是由于我国公司治理制度正处于由"行政型"公司治理模式向"经济型"公司治理模式转轨的过程中，控制权激励更具有决定意义决定的。

4. 声誉激励 (Reputational Incentives)

张维迎（2005）提出经理人激励机制包括显性激励与隐性激励，基于风险分担的激励机制是建立在一个明示的业绩合同的基础上的，也

---

① 陈冬华等（2010）定义下的在职消费满足以下特征：（1）与高管的工作和职位相关；（2）能够提升高管的效用；（3）对公司价值提升并无此消彼长的直接联系；（4）发生的数量、目的、时点更为弹性，而且不受制于明示的契约；（5）体现了高管个人的主观意愿、兴趣与社会资本。

即明确地把工资和效益挂钩，它得以实施的前提是当期的业绩必须能够被人们很准确地度量——虽然行为是难以观测的，这被称之为显性激励。然而，在现实中，激励可能来自于隐性激励机制，又称为"信誉机制"。它是行为主体基于维持长期合作关系的考虑而放弃眼前利益的行为，对"偷懒"的惩罚不是来自于合同规定或者法律制裁，而是未来合作机会的中断[1]。王帅，徐宁（2016）承续经济学、社会学、管理学对声誉提出的理论框架，通过案例研究方法，揭示了声誉的三重激励效用，即信号效用、工具效用和心理效用。并从实践层面归纳新的研究发现，阐释了激励效用的实现途径，构建了以声誉为激励物和强化物的循环性声誉激励机制[2]。

2.1.2 高管激励契约的整合

赫斯金森和卡斯尔顿（Hoskisson and Castleton，2009）提出，单个治理机制边际效用递减，甚至会产生因过度使用而导致的负面作用，其实际达到的经济效率总是次优的，不同治理机制的组合才是最优的治理机制[3]。而将这种公司治理系统化的观点延伸到高管激励契约配置及其效应的研究中是高管激励研究领域发展的必然趋势。

1. 公司治理整合理论的起源与发展

雷迪克和塞思（Rediker and Seth，1995）通过运用传统的成本效益分析方法，引入了"治理机制束（Bundle of Governance Mechanisms）"的概念，认为治理绩效取决于多个公司治理机制的组合而任何单一的公司治理机制。国内学者郑志刚（2004）在此基础上，提出治理整合理

---

[1] 张维迎：《产权、激励与公司治理》，经济科学出版社2005年版，第53页。
[2] 王帅、徐宁：《公司高管声誉的三重激励效用及其实现途径——基于单案例的探索性研究》，载《经济与管理研究》2016年第2期，第124~131页。
[3] Hoskisson R. E., Castleton M. W., Withers M. C. Complementarity in monitoring and bonding: more intense monitoring leads to higher executive compensation. Academy of Management Perspectives, 2009, 23 (2): 57–74.

论（Theory of Governance Mechanism Integration），他指出该理论是次优理论（Theory of Second Best）应用于公司治理领域的重要推论。该理论认为，由于企业委托代理链条信息分布的非对称，单个治理机制的边际效用呈递减趋势，甚至会产生因过度使用而导致的负面作用，其实际达到的经济效率总是次优的（Sub-optimal），即存在代理成本造成的效率的损失[1]。

公司治理整合理论的系统论观点，即"不同的治理机制之间存在着相互替代或者相互促进的效应，最优的治理机制是不同治理机制的组合[2]"，受到国内外诸多学者的认同。然而，治理机制之间的替代与互补效应却存在激烈的争论。雷迪克和塞思（Rediker and Seth, 1995）提出了替代效应假说（Substitute Hypothesis），认为当经营者被授予了适当的激励，则监督相应地就应减少，即在不同的治理机制之间可以互相替代，且存在系统性的平衡。而相对于替代观点，卢瑟福等（Rutherford et al., 2007）通过实证检验，发现经营者激励与董事会之间存在互补关系，独立且高效的董事会能够阻止当公司业绩较差时经营者对股票期权的重新定价以及粉饰业绩报表等行为，即互补效应假说（Complementarity Hypothesis）[3]。赫斯金森等（Hoskisson et al., 2009）也认为不同治理机制之间存在互相促进、互为补充的关系[4]。徐宁（2012）指出，公司治理效率是各种治理机制相互有机组合构成公司治理体系共同发生作用的结果。在既定的法律、经济和市场条件下，各种治理机制

---

[1] 郑志刚：《投资者之间的利益冲突和公司治理机制的整合》，载《经济研究》2004年第2期，第115~125页。

[2] Andrew J. Ward, Jill A. Brown, Dan Rodriguez. Governance bundles, firm performance, and the substitutability and complementarity of governance mechanisms. Corporate Governance: An International Review, 2009, 17 (5): 646–660.

[3] Rutherford, M. A., Buchholtz, A. B., & Brown, J. Examining the relationships between monitoring and incentives in corporate governance. Journal of Management Studies, 2007, (44): 414–430.

[4] Hoskisson R. E., Castleton M. W., Withers M. C. Complementarity in monitoring and bonding: more intense monitoring leads to higher executive compensation. Academy of Management Perspectives, 2009, 23 (2): 57–74.

是否达到合理组合成为决定公司治理效率的关键[1]。

2. 高管激励整合研究现状

贝洛克（Belloc，2012）在对公司治理与技术创新关系的研究文献进行述评后下结论指出，未来应该是深入探讨公司治理不同维度之间的交互关系以及它们对技术创新的整合效应[2]。根据他的这一结论，就有必要对股权激励、董事会治理、高管激励等不同公司治理机制进行分解，就本书的研究主题而言，有必要考察不同的高管激励方式或契约之间的交互关系以及它们对公司技术创新的联合效应。在公司治理实践中，高管激励通常是通过订立各种不同契约来完成的，因此，高管激励对公司技术创新的影响是多种不同激励契约协同发挥作用的结果（Dale-Olsen，2012）[3]。

已经有学者对高管激励契约的整合效应进行了初步探讨。霍姆斯特姆和米尔格罗姆（Holmstrom and Milgrom，1991）从多项任务静态角度建立多种活动—多项任务的委托代理模型，讨论代理人各期行动分别影响企业当期业绩量的最优线性激励合同模型。杨晓嘉等（2004）重点分析了上市公司独立董事物质和非物质激励的组合模型，通过合理的组合可以有效地促进独立董事提高工作绩效。陈爽英，唐小我（2005）从物质激励与非物质激励角度，建立代理人组合激励模型，讨论最优组合激励合同中各种激励之间的数量关系。在分析公司高级管理人员隐性价值和隐性需求的基础上，贺家铁等（2005）建构了基于隐性价值与隐性需求的公司高级管理人员激励组合模型。张维迎（2005）在提出隐性激励机制的概念之后指出，一个经理人，越是注重自己的信誉与市场上的名声，那么对显性激励的需求就越低[4]。张勇（2006）根据构成

---

[1] 徐宁：《中国上市公司股权激励契约安排与制度设计》，经济科学出版社2012年版，第45页。

[2] Belloc F. Corporate governance and innovation: A survey. Journal of Economic Surveys, 2012, 26 (5): 835-864.

[3] Dale-Olsen H. Executive pay determination and firm performance: Empirical evidence from a compressed wage environment. Manchester School Journal, 2012, 80 (3): 355-376.

[4] 张维迎：《产权、激励与公司治理》，经济科学出版社2005年版，第53页。

经理人员激励组合的性质特征，将组合激励划分为同质组合激励和不同质组合激励两大类，并建立了相应的数学模型，从两类模型的共性出发，建立了分析经理人员组合激励问题的统一模型。

凯和普腾（Kay and Putten，2010）指出高管激励契约的关键在于将风险与回报适当地结合起来。基本薪酬提供了稳定、有竞争力的待遇。在劳动力紧缺的市场上，这些福利能够吸引并留住人才。年度激励制度刺激了短期表现和行为。股权形式的长期激励制度鼓励员工将股东价值最大化。退休金、补充性高管退休计划和递延薪酬激励促进长期人才挽留、公司各层级的亲密关系和长期资金积累。遣散计划允许高管承担必要的风险，以此寻求股东价值最大化，即使它意味着破坏他们自己的工作[1]。

杜尔等（Dur et al.，2010）构建并分析了一个有关提供显性激励机制的模型，随着显性激励的增多，对于代理人激励的边际效应是递减的。他们同时指出，隐性激励（如晋升激励等）能够更好地克服这种双向的道德风险问题[2]。彭和勒尔（Peng and Roell，2009）发现 CEO 通过将股票转换成现金从而降低风险，而这使 CEO 进行有效率的投资项目[3]。孙世敏等（2011）通过建立薪酬激励与非薪酬激励相结合的经营者激励模型来诠释两者的互补性关系。陈冬华等（2010）认为，在职消费与货币薪酬不同的适用条件，决定了两者作为激励的契约成本的差异。他们将在职消费隐性契约的特点纳入契约成本的分析中，为不同激励契约间关系的研究增添了新的重要证据；发现了市场化水平对不同激励构成的契约成本的影响，随着市场化进程的深入，在激励契约中，货币薪酬契约对在职消费契约呈边际替代的趋势[4]。迪尔-奥尔森（Dale–Olsen，2012）指出，高管激励契约是由不同的子契约构成的，

---

[1] Kay I. T. and Putten S. V. Myths and Reslities of Excutive Pay. United Kingdom：Combridge University Press，2010：5.

[2] Dur, Robert, Arjan Non, and Hein Roelfsema. Reciprocity and Incentive Pay in the Workplace. Journal of Economic Psychology，2010，31（4）：676–686.

[3] Peng L, Röell A. Managerial incentives and stock price manipulation. Journal of Finance，2009，69（7442）：487–526.

[4] 陈冬华、梁上坤、蒋德权：《不同市场化进程下高管激励契约的成本与选择：货币薪酬与在职消费》，载《会计研究》2010年第11期，第56~65页。

并非是单一高管激励契约在发挥作用,而是通过多种子契约的配置与整合共同发挥作用[①]。埃德蒙斯等(Edmans et al.,2012)在一个动态框架下对最优的高管激励契约结构进行了深入研究,获得了一个简单的封闭式(Closed-form)契约,该契约能够清晰地预测出高管的报酬水平以及报酬—业绩敏感度随着时间的推移与公司的不同而变化的状态。而这可以通过构建一个"货币薪酬激励与股权激励"共同构成的动态激励账户(Dynamic Incentive Account)来实现,能够确保高管在未来一定时期内对公司所做出的努力,从而避免高管的短视行为[②]。坎比尼等(Cambini et al.,2015)指出,声誉激励之所谓能发挥作用,是因为一旦代理人做出违背契约的行为,将遭受明显的损失。代理人为了避免这种损失会制约自己的行为。因此在某种意义上说,声誉激励更多的是一种约束机制,而这种约束机制将与薪酬、股权等显性激励之间形成良好的协同关系。正如他们的研究表明,在声誉的有效约束之下,对高管薪酬进行管制的确会提高公司的效率[③]。

但上述研究均采用数学模型对激励组合进行研究。由于股权分置改革之前,我国上市公司的股权激励还未真正推进,因此,有关货币薪酬激励、股权激励与控制权激励、声誉激励等要素整合效应的研究,缺乏数据的支持。

2.2 高管激励契约对技术创新的影响研究评述

如何激励作为主要内部人的公司高管以创新为导向,把公司的重

[①] Dale‑Olsen, H. Executive Pay Determination and Firm Performance: Empirical Evidence from A Compressed Wage Environment. The Manchester School, 2012, 80 (3): 355–376.

[②] Edmans A., Gabaix X., Sadzik T., and Sannikov Y. Dynamic CEO Compensation. The Journal of Finance, 2012, 67 (5): 1603–1647.

[③] Cambini C., Rondi L., De Masi S. Incentive Compensation in Energy Firms: Does Regulation Matter?. Corporate Governance: An International Review, 2015, 23 (4): 378–395.

要资源配置于创新，已成为公司治理研究的一个重要命题，而能否促进技术创新也成了衡量高管激励效应的一个重要维度。在此背景下，学者们逐渐把研究兴趣转向了高管激励对技术创新的促进效应，并且对这个问题进行了大量的研究。已有主要基于直接关联观（Direct Relationship View）、动态权变观（Dynamic Contingency View）与系统整合观（Systematic Integration View）三个视角完成的。基于直接关联观视角的研究主要考察单一高管激励契约与技术创新之间的直接关联性，基于动态权变观视角的研究更加关注于不同的情境因素对于高管激励与技术创新关系的影响，而基于系统整合观视角的研究则深入分析了不同高管激励契约（包括货币薪酬激励、股票期权、限制性股票等显性契约以及控制权激励、晋升激励等隐性契约）的技术创新效应差异以及它们之间的相互关系。上述三种观点都有各自的理论贡献，但也具有不同程度的局限性。

2.2.1 基于直接关联观的研究

直接关联观是该研究领域最为普遍的一种研究视角。直接关联观以委托代理理论（Agency-principle Theory）与管理层权力理论（Managerial Power Theory）以及基于两类理论的利益趋同假说（Convergence of Interests Hypothesis）[1]和壕沟效应假说（Entrenchment Hypothesis）[2]为基础。基于该观点的研究主要从考察单一高管激励契约与技术创新之间的直接关联关系，根据所依据的理论与实证研究结论的差异，可以分为线性视角与非线性视角。线性视角选择利益趋同假说或者壕沟效应假说之一作为依据，集中探究高管激励与技术创新之间的线性关系，而非线性视角则将两种假说相结合，重点关注高管激励与技术创新之间的非线性

---

[1] 利益趋同假说认为，高管激励是解决委托代理问题的有效手段，高管激励力度（如高管持股比例）的增加会降低委托人与代理人之间的代理成本。

[2] 壕沟效应假说认为，由于管理层权力的存在，高管激励力度（如高管持股比例）的增加反而会增强高管抵制外部压力的能力，从而成为代理问题的来源。

关系。

1. 高管激励契约与技术创新的线性关系

詹森和麦考林（Jensen and Meckling, 1976）指出，通过对公司代理人实行股权激励等高管激励契约可使代理人与委托人利益趋于一致，以加强代理人对公司长期利益的重视，尤其是技术创新投资[1]。自此，学者们就开始了对高管激励契约与技术创新之间的线性关系的研究历程，他们试图发现，单一高管激励契约对企业技术创新产生的直接影响。这些研究大多指出，包含股票期权等长期激励机制的激励契约配置能够促进企业的技术创新投入（Lambert, 1986[2]; Hemmer et al., 1999）。

秋（Cho, 1992）指出，由于代理问题的存在，高管一般是拒绝技术创新的，需要对其风险规避行为与"偷懒（Shirking）"行为要进行激励。因此，高管激励对技术创新是具有促进效应的。为证实该假设，他运用184家美国制造业公司1986年的数据，以"研发费用（R&D Expenditures）与销售收入之比"作为技术创新投入的操作变量，以"高管所持股份的市场价值占其年度总报酬（包含薪酬与津贴）的比重"与"高管所持股份的市场价值占其年度总货币薪酬的比重"分别作为股权激励的操作变量，进行回归分析，发现高管股权激励的确对技术创新投入具有正向影响。他解释说，该结论揭示了股权激励不仅使高管利益与股东利益趋于一致，同时给予了高管保证其未来职业生涯的权力[3]。

勒纳和沃尔夫（Lerner and Wulf, 2007）运用美国300家公司1987到1998年的面板数据，选择"专利授予数量、专利引用率、专利普遍

---

[1] Jensen, M. C., and Meckling, W. H. Theory of the firm: Managerial behavior, agency costs and ownership structure. Journal of Financial Economics, 1976, 3 (4): 305 – 360.

[2] Lambert, R. Executive effort and selection of risky projects. Rand Journal Economics, 1986, 17: 77 – 88.

[3] Cho, S. Agency costs, management stockholding, and research and development expenditures. Seoul Journal of Economics, 1992, 5 (2): 127 – 152.

性（Generality）与专利原创性（Originality）[①]"作为因变量，以"股票期权、限制性股票等其他长期激励机制与总报酬的比值"作为自变量，进行实证检验后发现，对高管进行长期激励机制与技术创新产出（包括数量与质量）之间具有显著的关联性[②]。也有学者试图对转型经济中公司治理因素与技术创新投入的关系进行检验，运用中国 142 家公司 2005 到 2007 年的数据，以"支付的其他与经营活动有关的现金流量"项目中的开发与设计成本、技术开发成本与研究成本之和作为研发费用的替代变量[③]，经分析后发现，高管持股数量与技术创新投入之间具有显著的正相关关系（Dong and Gou，2010）[④]。刘星，张建斌（2010）以上市银行为样本，实证检验了公司治理与银行创新之间的关系，结果发现，高层管理人员的激励机制也能够明显地提高上市银行的创新能力[⑤]。除实证研究之外，也有学者运用数学模型证实了上述观点，如赫尔曼和蒂勒（Hellmann and Thiele，2011）构建了一个多任务模型（Multitask Model），验证了股权激励的确能够刺激企业的技术创新[⑥]。

但也有学者认为两者之间并不存在显著关系。中国学者陈昆玉（2010）运用创新型企业作为实验组，与控制组企业相对比之后却发现：经营者股权激励对创新产出的变化没有显著影响[⑦]。国外学者运用美国 107 家上市公司的数据，经实证检验证实，高管的短期激励机制与

[①] 这些专利数据主要来自于美国国家经济研究局（the National Bureau of Economic Research，NBER）数据库。

[②] Lerner J. , Wulf J. Innovation and incentives: evidence from corporate R&D. Rev Econ Stat, 2007, 89, 634 – 644.

[③] 由于我国自 2007 年开始实施的会计准则，才开始要求上市公司应当在年报中详细披露公司的研发投入等技术创新情况。所以，2007 年之前的公司年报并不主动披露该项目。

[④] Dong, Jing, Gou, Yan-nan. Corporate governance structure, managerial discretion, and the R&D investment in China. International Review of Economics & Finance, 2010, 19 (2): 180 – 188.

[⑤] 刘星、张建斌：《中国上市银行公司治理与创新能力的实证研究》，载《重庆大学学报（社会科学版）》2010 年第 6 期，第 44~48 页。

[⑥] Hellmann, T and Thiele, V. Incentives and Innovation: A Multitasking Approach. American Economic Journal: Microeconomics, 2011, 3 (1): 78 – 128.

[⑦] 陈昆玉：《创新型企业的创新活动、股权结构与经营业绩——来自中国 A 股市场的经验证据》，载《宏观经济研究》2010 年第 4 期，第 49~57 页。

长期激励机制均并不能对企业技术创新投入（以研发费用比例进行测量）产生显著的正向效应（Tien and Chen，2012）[1]。

2. 高管激励契约与技术创新的非线性关系

由于利益趋同效应与管理层壕沟效应的同时存在，高管激励契约一般具有明显的双重性，这种双重性使得高管激励契约与技术创新之间并不是简单的线性关系。默克（Morck，1988）等学者已经验证了高管激励对公司价值（采用 Tobin Q 值来测量）的区间效应，结果表明：高管激励水平（用高管持股比例来测量）在 0～5% 的区间内，公司价值与激励水平正相关；高管激励水平在 5%～25% 的区间内，公司价值与激励水平负相关；而高管激励水平大于 25%，则两者又正相关，但关联程度有所减弱，即高管激励水平与公司价值之间呈现非线性关系[2]。以此类推，由高管激励双重效应所引起的非线性关系同样适用于其对技术创新的影响效应。拉佐尼克（Lazonick，2007）以动态创新过程为基础，对企业层面有利于创新的条件进行了研究，发现不完全契约（Incomplete Contracts）几乎充斥了整个创新过程。适度激励能够对其研发投入强度产生促进效应。但当激励超过一定范围之后，管理层权力便会急剧增加，可能会导致严重的内部人控制，加之高管承担研发失败的风险加大，从而降低对技术创新等长期项目的投资[3]。如本斯等（Bens et al.，2002）等认为，授予高管大量的股票期权会导致他们行为更加短视，比如较少 R&D 投入等。这是因为 R&D 投入会减少股票期权行权时所带来的收益[4]。

---

[1] Tien, Chengli, Chen, Chien-Nan. Myth or reality? Assessing the moderating role of CEO compensation on the momentum of innovation in R&D. International Journal of Human Resource Management, 2012, 23 (13): 2763-2784.

[2] Morck, R., Shleifer, A. and R. Vishny. Management ownership and market valuation: An empirical analysis. Journal of Financial Economics, 1988, (20): 293-315.

[3] Lazonick, W. The US stock market and the governance of innovative enterprise. Industrial and Corporate Change, 2007, 16 (6): 983-1035.

[4] Bens, D., V. Nagar, and M. Wong. Real investment implications of employee stock option exercises. Journal of Accounting Research, 2002, 40 (2): 359-393.

徐宁（2013）运用2007~2010年的中国高科技上市公司面板数据，对高管股权激励对R&D投入的促进效应及两者的非线性关系进行实证检验，得出结论：采用股权激励的高科技公司与未采用股权激励的高科技公司相比，其R&D投入水平具有显著差异，前者明显高于后者，即股权激励对R&D投入具有促进效应；但高管股权激励力度与R&D投入之间存在倒"U"型关系，即股权激励力度增加到一定程度之后，R&D投入却呈现递减趋势[①]。

2.2.2 基于动态权变观的研究

由于高管激励的内生性逐渐被理论界所认识，在不同情境因素的调节作用下探究高管激励效应及其实现途径等问题成为重要的研究趋势之一。与直接关联观点不同，动态权变观点将高管激励与情境因素结合起来，构建一个高管激励研究的开放式体系。该观点更关注在不同的宏观环境与中微观环境中，即不同国家的制度环境、不同行业或企业的情境下高管激励对技术创新影响效应的实现。已有研究主要集中于以行业特征、股权结构、公司业绩及盈利模式、上市时间等中观变量以及外部市场环境等宏观变量方面。

1. 以行业特征作为情境因素

在基于动态权变观点的实证研究中，以行业特征作为情境因素的文献数量最多。巴尔金等（Balkin et al., 2000）以资源依赖理论为基础，对美国90家高科技公司的CEO短期及长期激励与技术创新（以专利数量与研发投入作为测量指标）之间的关系进行研究。在公司规模、绩效与其他因素被控制的情况下，CEO短期激励机制与技术创新有关系，但长期激励与技术创新却在短期内不存在一致性。而在74家非高科技公司中，不论是长期激励，还是短期激励与技术创新均不存在

---

① 徐宁：《高科技公司高管股权激励对R&D投入的促进效应———个非线性视角的实证研究》，载《科学学与科学技术管理》2013年第2期，第12~19页。

显著的关联性①。

马克里等（Makri et al.，2006）采用美国 12 个技术密集型产业的 206 家公司 1992 ~ 1995 年的面板数据进行实证检验，发现行业的技术密集程度越高，高管激励与技术创新产出的关系越密切。与其他研究不同的是，他们选择"发明影响力（Invention Resonance，即该项发明专利对于他们公司的影响）"与科学贡献性"（Science harvesting，即该公司的技术创新成果对于科学研究的贡献）"来衡量技术创新产出，这样的变量选择更能够反映出创新产出的质量，而不单单是创新产出的数量②。

唐清泉、徐欣、曹媛（2009）以"研发支出除以年初总资产"作为因变量，经实证检验发现，上市公司股权激励与企业的研发活动显著正相关；在行业特征上，高新技术企业的股权激励能对研发投入产生更大的影响，小型企业具有技术创新优势，更注重研发投入。这些结果表明，股权激励是技术创新和企业可持续发展的动力③。

方（Fong，2012）选择来自美国 26 个地区的 227 位上市公司 CEO 作为访谈对象，并以行业特性作为调节变量，对 CEO 激励相对不足（underpayment）对 R&D 投入的影响进行了实证检验。结果表明，在低研发密集型行业内，CEO 激励不足会降低企业的 R&D 投入，而在高研发密集型行业内却能够提高 R&D 投入④。

2. 以股权结构作为情境因素

除行业特征之外，股权结构也被通常被作为是影响高管激励契约作

---

① Balkin, D. B., Markman G. D. and Gomez – Mejia L. R. Is CEO pay in high-technology firms related to innovation? The Academy of Management Journal, 2000, 43 (6): 1118 – 1129.

② Makri, M., Lane, P. J., and Gomez – Mejia, L. R. CEO incentives, innovation, and performance in technology-intensive firms: A reconciliation outcome and behavior-based incentive schemes. Strategic Management Journal, 2006, 27 (11): 1057 – 1080.

③ 唐清泉、徐欣、曹媛：《股权激励、研发投入与企业可持续发展——来自中国上市公司的证据》，载《山西财经大学学报》2009 年第 8 期，第 77 ~ 84 页。

④ Fong, E. A. Relative CEO Underpayment and CEO Behavior towards R&D Spending. Journal of Management Studies, 2012, 47 (6): 1095 – 1122.

用的重要情景因素。弗兰西斯和史密斯（Francis and Smith，1995）通过对900家美国公司1982~1990年的数据进行实证检验后发现，拥有分散股权结构的公司比拥有集中型股权结构的公司具有更低的技术创新水平，继而以股权结构作为调节变量进一步分析，发现在分散的股权结构中，高管激励并不能有效地促进技术创新[1]。

李春涛，宋敏（2010）利用中国制造业企业的调查数据，分别用"企业研发参与、研发投资密度"来测量技术创新投入，以"新产品销量、是否有新产品发明以及是否开发出新的工艺"来测量技术创新产出，并以"CEO持股比例与CEO薪酬是否与企业绩效相关联"作为CEO激励的测量指标，对不同所有制结构下CEO激励与技术创新的关系进行检验，结果发现，CEO激励能够促进企业进行创新，但国有产权降低了激励对创新的促进作用[2]。

夏芸、唐清泉（2011）以2002~2006年沪深上市公司为样本，研究了不同产权背景下高管薪酬与技术创新选择之间的关系。研究发现：高管股权激励越大，高管越倾向于自主创新；会计短期业绩越多，高管越倾向于技术引进；在中央控股的企业中，采取股权激励作为高管主要薪酬方式确实比会计短期业绩更有利于自主创新；地方国企的技术创新方式选择与高管薪酬的长短期激励方式有关；对于私有企业而言，高管薪酬对企业技术创新的影响并不明显[3]。

前面提到的方（Fong，2012）除了以行业特征作为调节变量之外，也用股权结构作为调节变量，对CEO激励相对不足对R&D投入的影响进行实证检验，结果表明，在经理人控制的企业中，CEO激励不足对R&D投入的负面影响更为明显[4]。

---

[1] Francis, J. and Smith, A. Agency costs and innovation: some empirical evidence. Journal of Accounting and Economics, 1995, 19: 383-340.

[2] 李春涛、宋敏：《中国制造业企业的创新活动：所有制和CEO激励的作用》，载《经济研究》2010年第5期，第55~67页。

[3] 夏芸、唐清泉：《最终控制人、高管薪酬与技术创新》，载《山西财经大学学报》2011年第5期，第86~92页。

[4] Fong, E. A. Relative CEO Underpayment and CEO Behavior towards R&D Spending. Journal of Management Studies, 2012, 47 (6): 1095-1122.

3. 以公司业绩及盈利能力作为情境因素

吴和涂（Wu and Tu，2007）运用中国四个研发密集型行业的面板数据，选择公司绩效与资源富余程度（Slack Resources）作为调节变量，经实证检验发现，CEO 股权激励对公司的 R&D 投入具有正面效应，而且公司业绩越好，资源富余程度越高，股权激励对 R&D 投入的影响也就越大[①]。

班克等（Banker et al.，2011）选择 2004 年 COMPUSTAT 年度报告中记载所有公司从 1970~2004 年的面板数据（共 121445 个观测变量）作为样本，经实证检验发现，当增加的长期投资产生的未来收益大于短视行为所带来的短期收益时，这种短期行为便会减少。同时发现，高管股权激励对于 R&D 投入的促进效应取决于不同公司进行长期投资所能够带来的未来收益，也即企业的盈利模式是影响高管激励与技术创新关系的重要情境因素[②]。

4. 以外部经理人市场作为情境因素

也有学者认为外部市场环境等宏观因素也会在一定程度上影响高管激励与技术创新之间的关系，因此开展了以外部经理人市场为情境因素的相关实证研究。具体而言，陈（Chen，2010）运用 239 家台湾非金融类上市公司 2002~2004 年的面板数据，经实证检验发现，外部经理人市场（External Managerial Labour Market）对高管激励契约与技术创新投入（以 R&D 投入占总资产的比例进行测量）之间的关系具有显著的调节作用。这种调节作用表现在，外部经理人市场影响了高管期望薪酬与实际薪酬之间的差距，当经理人的期望薪酬下降，但实际薪酬却增加之时，高管激励契约对技术创新投入的作用最为强烈[③]。

---

① Wu, Jianfeng, and Tu, Runtig. CEO stock option pay and R&D spending: A behavioral agency explanation. Journal of Business Research, 2007, 60 (5): 482–492.

② Banker, R., R. Huang, and R. Natarajan. Equity incentives and long-term value created by SG&A expenditure. Contemporary Accounting Research, 2011, 28 (3): 794–830.

③ Chen Ming-yuan. Managerial compensation and R&D investments: the role of the external managerial labour market. International Review of Applied Economics, 2010, 24 (5): 553–572.

2.2.3 基于系统整合观的研究

系统整合观从系统视角出发，深入探究不同高管激励契约的技术创新影响效应差异以及它们之间的相互关系，进而考察高管激励契约组合的技术创新协同效应。不同高管激励契约对技术创新影响的差异性是对它们进行整合的基础，对此不少学者进行了验证。

林等（Lin et al., 2011）运用世界银行 2000~2002 年对中国 18 个城市的 1088 家民营制造业企业进行的调查数据，对高管激励在企业创新活动中扮演的角色进行分析，得出结论：高管激励对该类企业的技术创新投入（以 R&D 投入强度进行测量）与创新产出（以新产品销售额进行测量）均具有显著的促进作用。但也同时发现，不同激励契约的作用是有差异的，以销售收入作为主要业绩考核指标的薪酬方案，相对于以利润作为主要业绩考核指标的方案更加有利于企业的创新[1]。哈利等（Harley et al., 2002）运用联立方程模型对高管激励契约与技术创新投入之间的内生关系进行检验发现，同样是股权激励，股票期权对于技术创新投入具有显著的正向效应，但限制性股票却是负向作用[2]。

此外，即使同样是股票期权，其契约结构不同作用也不尽相同。如布兰和桑亚尔（Bulan and Sanyal, 2011）采用美国 1976~2006 年的公司专利数据作为测量技术创新产出的指标，经过实证研究发现，授予高管相容性激励（Alignment Incentives）会对技术创新产生显著影响，即当高管收益取决于他们所持有的股票期权与股票价格之间的敏感度时，专利数量会随之增加[3]。巴兰楚科等（Baranchuk et al., 2014）基于已

---

[1] Lin, C., Lin, P., Song, F., Li, C. Managerial Incentives, CEO Characteristics and Corporate Innovation in China's Private Sector. Journal of Comparative Economics, 2011, 39 (2): 176–190.

[2] Harley E., Ryan, Jr., Roy A. The interactions between R&D investment decisions and compensation policy. Financial Management, 2002 (1): 5–29.

[3] Bulan, L., Sanyal, P. Incentivizing managers to build innovative firms. Annals of Finance 2011, (7): 267–283.

有文献的研究，选择美国首次公开募股的公司（IPOs）在 2000~2004 年共五年的面板数据进行检验后发现，有效期越长的股票期权对于公司技术创新的影响越大①。

哈利等（Harley et al.，2002）在考察了股票期权与限制性股票的技术创新效应差异以后指出，任何公司都不可把某种单一薪酬作为最佳薪酬计划。董事会薪酬委员会在制订激励方案时，必须综合考虑投资期限（Investment Horizon）激励、高管所承担的剩余风险以及公司面临的投资机会的影响。在此基础上，有研究发现了市场对于最优高管激励契约结构认同的证据（Baranchuk et al.，2014）。也有学者采用美国高科技公司的数据，构建联立方程模型实证检验发现：合理的高管薪酬激励和股权激励组合会对企业技术创新路径产生显著影响。具体而言，如果主要采用基于财务指标的薪酬激励，那么，高管更倾向于选择"外购"（以无形资产和商誉的变化值来测量）来进行技术创新；相反，如果以股权激励尤其是股票期权为主要激励方式，那么，高管就倾向于通过"内部开发"（用研发支出—销售收入比来衡量）来进行技术创新（Xue，2007）②。

曼索（Manso，2011）运用构建数理模型并进行推演后得出结论，最为合理的以技术创新为导向的高管激励方案应该是由一系列激励机制整合而成的，其中应包括具有较长有效期限的股票期权，金色降落伞计划（Golden Parachutes）等显性契约，也包括管理层防御（Managerial Entrenchment）所带来的权力激励等隐性契约。最优的技术创新激励必须能够容忍短期的失败，这就要求高管报酬不仅要取决于高管所取得的总绩效，还取决于他取得总绩效的方式与过程③。

此外，布兰和桑亚尔（Bulan and Sanyal，2011）研究强调了合理设

---

① Baranchuk N., Kieschnick R., Moussawi R. Motivating innovation in newly public firms. Journal of Financial Economics, 2014, 111 (3): 578 – 588.

② Xue Yanfeng. Make or buy new technology: The role of CEO compensation contract in a firm's route to innovation. Review of Accounting Studies, 2007, 12 (4): 659 – 690.

③ Manso G. Motivating Innovation. The Journal of Finance, 2011, 66 (5): 1823 – 1860.

计高管薪酬契约对于以创建创新型企业为目标的公司的重要意义[①]。巴罗斯和拉扎里尼（Barros and Lazzarini, 2012）实证比较了基于绩效的薪酬激励与基于绩效的晋升激励，结果发现：晋升激励比薪酬激励更能促进组织创新，而且两者呈互补关系，晋升激励需要薪酬激励的支持才能起作用[②]。冯根福、赵珏航（2012）通过理论模型分析与实证分析证实了管理层持股比例与在职消费之间的替代关系[③]。徐宁、徐向艺（2013）从促进技术创新这个重要维度对高管激励效应进行重新界定与测度，并运用高科技上市公司的平衡面板数据，以研发投入比例作为因变量，对薪酬激励、股权激励以及控制权激励等主要激励契约之间的交互关系及其对技术创新的整合效应进行实证检验，得出以下结论，股权激励在薪酬激励与控制权激励的双重调节作用下，对高科技公司的技术创新具有促进效应，即三者的整合对技术创新产生作用；具体而言，股权激励与薪酬激励存在互补关系，与控制权激励之间存在互替关系[④]。

2.2.4 不同观点的比较及其局限性分析

综上所述，基于直接关联观、动态权变观与系统整合观三种主要观点，学者们对高管激励与技术创新之间的关系进行了诸多理论与实证分析。对不同观点的理论基础与研究思路进行比较，并对其局限性进行分析，是提出未来研究展望的前提与基础。

1. 不同观点的理论基础与研究思路比较

在基于直接关联观的研究中，有些研究只是以委托代理理论和管理

---

① Bulan L. and Sanyal P. Incentivizing managers to build innovative firms. Annals of Finance, 2011, 7 (2): 267 – 283.

② Barros H. M., Lazzarini S. G. Do Organizational Incentives Spur Innovation? Brazilian Administration Review, 2012, 9 (3): 308 – 328.

③ 冯根福、赵珏航：《管理者薪酬、在职消费与公司绩效——基于合作博弈的分析视角》，载《中国工业经济》2012 年第 6 期，第 147~160 页。

④ 徐宁、徐向艺：《技术创新导向的高管激励整合效应——基于高科技上市公司的实证研究》，载《科研管理》2013 年第 9 期，第 46~53 页。

层权力理论中的一种理论为基础。基于委托代理理论的研究把高管激励视为解决代理问题的有效手段,着重考察高管激励对于技术创新的促进作用;而基于管理层权力理论的研究,认为公司高管有可能利用手中掌握的权力来操纵高管激励手段,因此着重考察高管激励对技术创新的抑制作用。依据上述某种单一理论的研究(如 Cho, 1992; Lerner and Wulf, 2007; Dong and Gou, 2010)大多把股权激励等长期契约作为自变量,并得出了高管激励与技术创新呈线性关系的结论。另一些研究(如徐宁,2013)依据以上两种理论认为高管激励对于公司技术创新有可能产生促进和抑制双重效应,并且实证验证了高管激励与技术创新之间存在非线性关系。可见,基于直接关联观的研究主要围绕"高管激励是解决代理问题的手段还是导致代理问题的根源"这一核心问题,重点关注单一高管激励契约与技术创新之间的直接关系。

基于动态权变观的研究以资源依赖理论或者战略权变理论为基础,更加关注高管激励的技术创新效应的动态性与情境依赖性。基于资源依赖理论的研究强调组织在资源上对外部环境的依赖,或者资源和外部环境对于组织实现自己目标的重要性,着重验证了行业环境对于高管激励与技术创新关系的调节作用(Balkin et al., 2000),外部经理人市场对高管激励与技术创新关系的影响(Chen, 2010)。基于战略权变理论的研究认为"不同组织所处的内、外部环境各不相同,并不存在适用于任何情境的管理原则和方法",因此着重考察股权集中程度(Francis and Smith, 1995)和股权属性变化(李春涛和宋敏,2010)对高管激励效应的影响。可见,基于动态权变观的研究主要依据上述两种理论,着重研究不同情境因素(如行业特征,经理人市场以及公司股权结构、绩效和盈利能力)对高管激励与技术创新关系的调节作用。

基于系统整合观的研究以系统理论与协同理论为基础,运用这两种理论的基本思想把研究对象作为一个系统,重点研究其整体结构与功能,分析各子系统之间的差异和相互关系。因此,基于系统整合观的研究或者把不同的高管激励契约或手段视为一个有机的系统,着重考察不同激励契约或手段影响技术创新的效应差异,如基于销售收入和利润等不同财务指标的薪酬激励契约（Lin et al., 2011）、股票期权与限制性股票等不同的股权激励方式（Harley et al., 2002）、不同行权期安排的股票期权（Baranchuk et al., 2011）等；或者建模证实了合理的高管激励契约配置才能对技术创新产生更大的促进作用（Manso, 2011；Edmans et al., 2012），强调高管激励契约对于技术创新的协同效应。

基于以上分析，我们对不同观点研究的思路与核心关注点进行了图示（如图2-1所示），以便更加直观地展现它们之间的异同点。

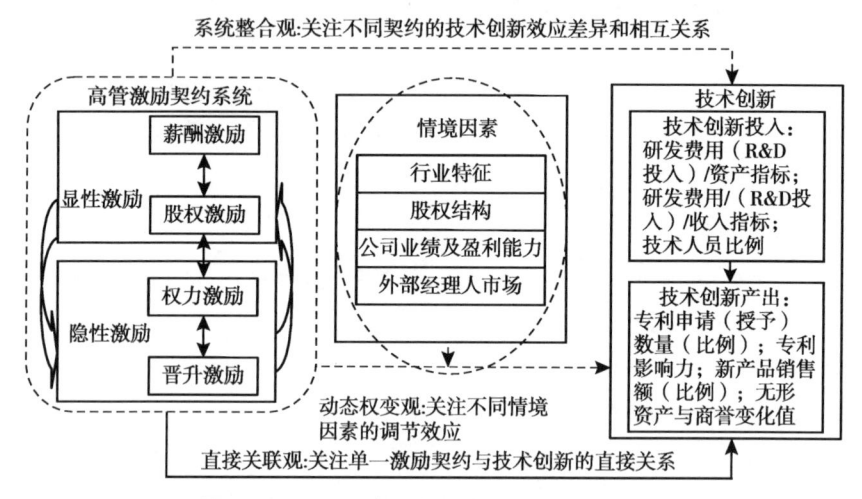

图2-1 不同观点研究思路与核心关注点比较

资料来源：徐宁、王帅：《高管激励与技术创新关系研究前沿探析与未来展望》，载《外国经济与管理》2013年第6期，第23~32页。

2. 现有研究局限性分析

现有的直接关联观研究由于以委托—代理理论与管理层权力理论为理论基础而必然存在与这两种理论有直接关系的本质缺陷。委托—代理理论有情境化不足（Under-contextualized）之嫌，因而无法准确比较和解释在不同组织或国家情境下的多样化公司治理安排（Aguilera and Jackson, 2003）。贝洛克（Belloc, 2012）指出，尽管委托代理理论与管理层权力理论是高管激励研究常用的两种重要理论，但因无法解释高管薪酬与公司绩效之间的关系而促进了其他管理学理论的发展和应用。

具体而言，一部分学者证实了高管激励与技术创新产出或投入之间的正相关性（Lerner and Wulf, 2007; Dong and Gou, 2010），而另一部分学者进行的相同实证研究却没有发现两者之间存在显著的正向关系（Tien and Chen, 2012）。导致结论不一的一个可能原因正是直接关联观研究忽视了高管激励的内生性及其在不同情境条件下影响技术创新的机制和程度差异。

虽然现有的动态权变观研究考察了不同情境因素对高管激励的调节效应，但只是关注股权结构、公司业绩等公司层面的微观因素（Francis and Smith, 1995; Wu and Tu, 2007），行业特征等行业层面的中观因素（Balkin et al., 2000; Makri et al., 2006; Fong, 2012）以及外部经理人市场层等宏观因素（Chen, 2010），鲜有研究探究高管团队特征、高管个人特质等微观因素的调节作用。此外，现有动态权变观研究大多以某一国家的制度环境为背景，而且大多以美国公司为研究对象，如以美国900家上市公司为研究对象（Francis and Smith, 1995），选择美国90家高科技公司和74家非高科技公司为样本（Balkin et al., 2000），或选择美国12个技术密集型产业的206家公司（Makri et al., 2006），选择美国26个地区227位上市公司CEO作为访谈对象（Fong, 2012）。鉴于不同国家在法律、政治、文化、历史等方面各不相同，针对某一国家（如美国）制度背景研究得出的结论很可能难以适用于其他国家的制度背景。

现有的系统整合观研究大多仍停留在关注高管激励的"整体"水平上，也就是说仅仅考虑到"整"的方面，是一种静态的罗列，而没有更多地关注"合"的问题，即不同激励契约之间的交互关系与协同作用，而不同激励契约之间的交互关系与协同作用才是"系统整合"的关键所在。例如，曼索（Manso, 2011）通过研究发现，促进创新的最优高管激励契约不但要包括待权期较长的股票期权、期权重新定价、金色降落伞计划，而且应该考虑管理层权力等因素。可惜，他没有深入剖析这些激励手段的相互关系及其对技术创新的交互影响。系统整合观研究大多关注货币薪酬、股权激励等显性激励（Explicit Incentives）的配置问题，而忽略了权力激励、声誉激励等隐性激励（Implicit Incentives）的作用。例如，埃德蒙斯等（Edmans et al.，2012）从动态代理框架出发，考察了高管的最优激励契约及其配置问题，阐释了货币薪酬激励与股权激励的配置原理，但没有把隐性激励契约纳入分析框架。此外，已有研究多以互补性或者替代性来界定不同激励契约或方式之间的关系，但太过笼统，缺乏实践意义。例如，巴罗斯和拉扎里尼（Barros and Lazzarini，2012）研究证实了晋升激励与薪酬激励之间的互补性，但没有深入研究如何合理配置晋升激励与薪酬激励才能产生这种互补性的问题，而解决这个问题才是从理论上支持企业实践的关键。

综上所述，基于以上三种观点的研究运用了不同的基础理论，在不同的理论指导下又有着自己不同的核心关切与研究思路，但这三种观点的研究都存在某些局限性。需要强调的是，除各自的局限性之外，它们存在一个共同的问题，即对技术创新的界定基本上都局限在某个阶段（如投入或者产出等），并未持续关注整个技术创新过程。表2-1对不同观点的研究进行了比较，并且剖析了仍存在的局限性。

表2-1　　　　　　　　　不同观点研究比较与局限性分析

比较维度	直接关联观研究	动态权变观研究	系统整合观研究
理论基础	代理理论、管理层权力理论	资源依赖理论、战略权变理论	系统论、协同论
核心关注点	单一高管激励契约与技术创新之间的直接关联关系	不同情境因素作用下的高管激励对技术创新的影响效应	不同高管激励方式的技术创新效应差异及其相互关系
个体局限性	建立在一个封闭系统中，无法准确解释不同情境条件下的高管激励效应，难以得出一致的结论	大多把行业特征、股权结构等因素作为情境因素，忽视了高管个人特征等微观因素；且多以某一国家的制度环境为背景	静态罗列不同的激励方式，忽视了不同激励方式之间的交互关系与协同作用，还缺乏真正的系统整合性
共同局限性	只关注技术创新的某个阶段（如投入、产出），而没有关注技术创新的整个过程		

鉴于此，本书针对上述局限性，以创新经济学中技术创新与制度创新的互动关系为基础，将上述三种观点相结合，深入探究高管激励契约

与技术创新之间的内在关联机理。并运用演化的观点与方法，从高管激励对于技术创新投入到产出，乃至转化的整个过程的影响机理入手，将两者之间的关系进行纵向拓展。

本 章 小 结

本章对有关高管激励契约构成及其整合，以及高管激励契约对技术创新促进效应的研究文献进行了系统梳理与评述。国内外学者对于高管激励契约的具体构成有不同的观点，但目前研究中最为常见的激励契约主要包括薪酬激励、股权激励、控制权激励、声誉激励等。公司治理整合理论指出，单个治理机制边际效用递减，甚至会产生因过度使用而导致的负面作用，其实际达到的经济效率总是次优的。基于该理论，已有学者从理论分析、数理模型构建等方面对高管激励契约整合进行了初步探究，但仍需进一步完善。

近年来，在理论发展与实践需要的双重驱动下，高管激励对技术创新的促进效应已经成为创新经济学和公司治理研究的前沿命题。本章把有关这个命题的既有研究归纳为直接关联观、动态权变观与系统整合观三种研究视角，在此基础上对现有的高管激励与技术创新关系研究进行了系统的述评，从理论基础、研究思路、核心关注点等方面对这三种观点的研究进行了比较分析。虽然上述观点的研究都具有一定程度的理论贡献，但却仍存在各自的局限性。直接关联观建立在一个封闭系统中，无法准确解释不同情境条件下的高管激励效应，难以得出一致的结论；动态权变观大多把行业特征、股权结构等因素作为情境因素，忽视了高管个人特征等微观因素；且多以某一国家的制度环境为背景；系统整合观静态罗列不同的激励方式，忽视了不同激励方式之间的交互关系与协同作用，还缺乏真正的系统整合性。需要强调的是，它们存在一个共同的局限性，即对技术创新的界定基本上都局限在某个阶段（如投入或者产出等），并未持续关注整个技术创新过程。

第3章

高管激励效应的演进：
从价值分配到价值创造

作为公司治理的一个重要命题，高管激励研究已有较长历史。已有相关研究多将高管激励与公司绩效之间的关系作为高管激励效应研究的逻辑起点，通常用公司财务绩效指标来衡量激励效应。近年来，基于创新经济学发展起来的组织控制理论指出，有效的公司治理能够通过有效配置和合理整合资源来促进企业的技术创新。而在现实中，企业为了应对动荡复杂的外部环境与日益激烈的市场竞争亟须设计出高效率的技术创新导向型高管激励契约。在理论发展与现实需要双重作用的推动下，高管激励效应开始了从"价值分配"到"价值创造"的演进。

3.1 基于价值分配的高管激励效应

20世纪初，新古典经济学占据主流经济学的地位，市场配置资源的效率被认为是最优的。在这一资源配置观点的基础上，形成了两种公司治理理论——单边治理理论①与共同治理理论②，两者的核心为"价值分配"。而在传统公司治理理论的框架之下，以委托代理理论与管理层权力理论作为高管激励契约研究的主要理论基础。而基于两类理论，产生了利益趋同假说和权力寻租效应假说两类假说。利益趋同假说认为，高管激励是解决委托代理问题的有效手段，高管激励水平的增加会降低委托人与代理人之间的代理成本。权力寻租效应假说则认为，由于管理层权力的存在，授予高管股权等激励契约会增强其抵制外部压力的能力，从而成为代理问题的来源。

3.1.1 高管激励契约的利益趋同效应

利益趋同假说认为，经营者持股比例的增加会降低股东与经营者之间的代理成本，因此设计科学的激励机制尤其是股权激励机制是解决委托代理问题的有效手段（Jensen and Meckling, 1976）③。根据委托代理理论，代理成本的产生源自于经营者不能获得企业剩余收益，而通过经营者股权激励使代理人拥有剩余索取权，则能够促进股东与经理层利益的一致性。该假说的支持者们认为对经营者实行股权激励有助于减少自由现金流量及代理成本，增加公司价值，是防止内部人控制和道德风险的重要方式之一（申尊焕、牛振喜，2003）。

从利益趋同效应假说出发，我们会看到高管激励在实践中不可或缺的作用。高管激励是一种有效的激励模式，其特征是高绩效获得高薪酬、低绩效获得低薪酬。这个模式的成功运用促进了美国经济神话的形

---

① 单边治理理论以资本雇佣劳动力为逻辑基础，强调股东因其投入的物质资本的可抵押特性与承担的企业经营风险，在法律上拥有全部权益，是唯一的公司治理主体，在公司治理中发挥关键作用。

② 共同治理理论认为，公司是利益相关者之间相互缔结的契约网络，各利益相关者在公司共同投入资源，共同创造价值、共同承担风险，企业的本质是一种追求协同效应的团队生产。股东、管理者、债权人、职工、供应商等公司所有的利益相关者都是平等、独立的公司利益主体，在公司治理中都应发挥重要作用。

③ Jensen, M. C. and W. H. Meckling. Theory of the Firm: Managerial Behavior, Agency Costs and Ownership Structure. Journal of Financial Economics, 1976, 3 (4): 305–360.

成，为股东带来了万亿美元的财富。为数以万计的公司员工及其家属带来了丰富的收益与净收入。高额的高管薪酬符合基本的微观经济理论，反映出企业界对精英人才的强烈需求①。

3.1.2 高管激励契约的权力寻租效应

权力寻租效应假说则认为，经营者持有公司大量股份会扩大其投票权与影响力，甚至有可能出现即使经营者的行为背离公司目标，其职位或报酬也不会受到任何负面影响的情形，即股权激励会增强经营者抵制外部压力的能力（Fama and Jensen, 1983）②。随着经营者持股水平的提高而增加的壕沟效应是造成董事会不能完全独立于经营者，从而不能有效监督的重要原因之一（Jensen, 1993）。斯图斯（Stulz, 1988）提出了Stulz模型，并指出随着经营者持股水平进一步提高，外部股东对经营者行为更加难以监管，原因在于经营者由于拥有更多的股权而能够更直接地控制公司，抵制外部压力的能力得到加强。从美国20世纪90年代出现高薪与会计舞弊丑闻开始，学者们对利益趋同假说的质疑达到了高潮，其中影响最大的是别布邱克和弗里德（Bebchuk and Fried, 2003）提出的管理层权力理论，其核心观点为：高管激励并不能有效解决代理问题，降低代理成本，反而由于管理层寻租的存在成为代理问题的一部分，因此，高管激励并不是有效的治理方式③。

从权力寻租效应假说出发，我们又不得否认在实践中，高管的过高薪酬所带来的各种负面影响。节节攀升的天价高管薪酬与道德常理相背离，与公司绩效脱钩，高管从"涨潮（Rising Tide）"的股市中收益，获得巨额财富。董事们并未很好地履行他们的职责、使高管与

---

① Kay I. T. and Putten S. V. Myths and Reslities of Excutive Pay. United Kingdom: Combridge University Press, 2010: 1.

② Fama, E. F. and M. C. Jensen. Agency Problems and Residual Claims. Journal of Law & Economics, 1983, 26 (2): 327–349.

③ Bebchuk, L. and J. Fried. Executive Compensation as an Agency Problem. Journal of Economic Perspectives, 2003 (17): 71–92.

股东的利益达到平衡,而高管则越俎代庖,从根本上设定自己的薪酬。高管过高的薪酬以股东、员工、客户和他们的公司集团为代价,致使管理层财富激增,导致的商业丑闻,员工士气消沉,薪酬不公平等却令人难以接受[1]。

3.1.3 两种假说的本质缺陷

在传统的公司治理理论框架之下,利益趋同效应假说与权力寻租效应假说以委托代理理论与管理层权力理论为理论基础,必然存在与这两种理论有直接关系的本质缺陷。

委托—代理理论与管理层权力理论均是以剩余分配为核心进行研究,会导致公司决策与其生产经营活动的脱钩。而且两者均致力于为不同利益集团的"剩余索取权"提供解释,在论证不同利益集团享有剩余索取权的合理性时,必然存在立场差异,因而存在分歧(刘金石,王贵,2011)[2]。尽管对于剩余价值的合理分配会在一定程度上影响到企业的经营业绩,但分配是必须以价值创造为基础,有了价值的存在才能够去分配。但上述两种理论却仅仅是致力于为企业的一方或几方利益相关者应享有的剩余索取权及其分配比例等提供理论解释,而却不去深入探究"这些剩余是如何通过资源的开发与利用而产生的"。因而若将这两种治理应用于企业的公司治理实践,很有可能会引导企业将核心关注点放在剩余分配方面,致使企业决策与价值创造活动的分离,从而降低公司的实际生产力与创新能力。

此外,阿奎莱拉和杰克逊(Aguilera and Jackson,2003)指出,委托代理理论与管理层权力理论均具有情境化不足(Under-contextualized)的局限性,因而无法准确比较和解释在不同组织或国家情境下的多样化

---

[1] Kay I. T. and Putten S. V. Myths and Reslities of Excutive Pay. United Kingdom: Combridge University Press, 2010: 1.

[2] 刘金石、王贵:《公司治理理论:异同探源、评介与比较》,载《经济学动态》2011年第5期,第80~85页。

公司治理安排①。因此，尽管委托—代理理论与管理层权力理论是高管激励研究常用的两种重要理论，但因无法解释高管薪酬与公司绩效之间的关系而促进了其他理论的发展和应用（Belloc，2012）②。其中，影响最大的便是基于创新经济学框架的组织控制理论。

3.2 基于价值创造的高管激励效应

随着创新经济学的发展，传统公司治理理论向组织控制理论进行了演进。组织控制理论通过聚集于生产领域的创新活动，推演出创新对公司治理机制的要求，其核心是"价值创造"。单边治理与共同治理局限性的凸显与金融危机的爆发，促进了公司治理理论从以"价值分配"为导向到以"价值创造"为导向的演进路径。而基于该演进趋势，高管激励效应也应进行重新界定与测度。

3.2.1 组织控制理论及其核心观点

创新经济学是经济学研究的重要分支，包括技术创新经济学与制度创新经济学。奥沙利文（O'Sullivan，2000）以创新经济学为基础，建立起与上述两种理论具有鲜明区别的治理理论——组织控制理论。组织创新理论以创新活动为逻辑起点，以创新资源配置观为基础，以建立支持创新的公司治理制度为核心，采取了与单边治理、共同治理截然不同的演绎路径。

公司治理理论经历了从单边治理到共同治理的演进路径，两者在诸

---

① Aguilera R. V. and Jackson G. The cross-national diversity of corporate governance: Dimensions and determinants. Academic of Management Review, 2003, 28 (3): 447 – 465.

② Belloc F. Corporate governance and innovation: A survey. Journal of Economic Surveys, 2012, 26 (5): 835 – 864.

多方面具有十分鲜明的差别，但两种理论的本质缺陷也逐渐被学者们所认知[1]。信奉"股东至上"的单边治理理论以新古典资源配置观及私有财产、资本雇佣劳动力等传统逻辑为基础，认为股东向企业投入了具有可抵押特性的物质资本，并承担一定的经营风险，是唯一的公司治理主体（委托人）。而利益相关者共同治理（Stakeholder Co-Governance）理论则认为，公司治理的目标不应该仅仅是股东利益的最大化，而是包括股东在内的全体利益相关者利益的最大化。共同治理在突破新古典资源配置可逆性假设的同时，也重构了委托人的界定范围，即委托人不仅仅局限于股东，而是包括所有对企业进行特定投资并为此承担风险的参与者，即全体利益相关者[2]。

然而，正是这种对委托人范围的重构及其衍生出的目标导向问题使该理论陷入了一种"泛利益相关者"的困境。在实践中，如何实现全体利益相关者利益的最大化？如何保持各个利益相关者之间利益的均衡？从较深的层次看，共同治理本身所具有的本质缺陷是造成其在实践中可操作性降低的根本原因。共同治理将委托人的范畴扩展到与企业经营直接或间接相关的全部主体，认为他们共同拥有企业的剩余控制权与索取权，并未详细区分企业产权关系的层次。而根据产权理论，而当一项产权被作为"公地"，尚未加以清晰界定之时，必然会导致其被过度使用而损失效率。从法理学视角分析，由于不同利益主体的利益具有异质性，有时甚至相互冲突，如果企业处于亟须抉择的关键时期，面对众多迥异的利益相关者的利益要求，企业很可能会面临诸多无所适从的窘境，更为严重的是产生某些相关者利益被严重侵犯的情形。而此时，以确定利益调整顺序为基础的法律对其提供平等保护是难以实现的。

综上所述，这两种理论的核心问题都是剩余分配，都致力于为不同

---

[1] 徐向艺、徐宁:《公司治理研究现状评价与范式辨析——兼论公司治理研究的新趋势》，载《东岳论丛》2012年第2期，第148~152页。

[2] Blair, M. M. Ownership and control: rethinking corporate governance for the twenty-first century. Washington, D. C.: Brookings Institute, 1995.

利益集团的"剩余索取权"提供解释，在论证不同利益集团享有剩余索取权的合理性时，必然会存在立场差异，因而产生分歧[1]。

组织控制理论对公司治理理论的演进提供了独特的视角。该理论指出，公司治理的核心问题应该是促进企业的价值创造，而并非仅仅是进行价值分配，因此，公司治理机制完善的导向应该是如何通过资源的配置与有效利用进行技术创新等价值创造活动[2]。组织控制理论却把目标聚焦于企业的创新活动，而不是建立在委托—代理关系的基础上。该理论的核心观点为合理的公司治理结构必须有利于企业的创新，并将创新的特征归结为一个具有累积性、集体性和不确定性的过程，通过从企业创新特点研究出发，得出推动企业创新的公司治理机制必须体现财务支持、组织整合和战略控制。通过组织控制而不只是市场控制，将企业的重要资金和知识资源配置到创新过程中去。这里的战略控制主要指赋予决策者配置资源以应对创新过程所固有的技术、市场和竞争不确定性的权力。为了促进创新，占据公司战略决策位置的人必须有能力和动力把资源配置于创新投资战略（O'Sullivan，2000）。

以该理论为基础，公司治理机制的设计主旨应从交换领域转向生产领域，探究如何通过资源的开发和利用来创造企业价值，关注企业的创新活动，从而建立支持创新的公司治理制度体系，即实现从"价值分配"到"价值创造"的演进。

3.2.2 高管激励契约的价值创造效应

高管激励效应如何界定与测度？这是推动对高管激励从定性研究向定量研究转变的重要内容，也是建立最优激励契约不可或缺的必要工

---

[1] 刘金石、王贵：《公司治理理论：异同探源、评介与比较》，载《经济学动态》2011年第5期，第80~85页。

[2] O'Sullivan M. The innovation enterprise and corporate governance. Cambridge Journal of Economics, 2000, 24: 393–416.

具。然而，在已有研究文献中，学者们倾向于用公司价值或绩效来衡量高管激励的效应，具体包括净资产收益率、利润指标、Tobin Q 值、EVA 等。然而，这些财务指标在实践中受到诸多因素的综合影响。并且由于管理层权力的存在，高管为获得更多的报酬很可能会通过某些手段来对公司绩效或价值来进行操纵，从而导致激励效应测量的失真。然而，即使对价值的分配合理与否在一定程度上会影响到企业的生产与持续发展，但需要明确的是，价值创造才是价值分配的前提与基础，只有价值被创造出来才有了价值分配的机会。因此，伴随着公司治理理论的演进，尤其是创新经济学框架下的组织控制理论的产生，高管激励效应也应在此基础上进行重新界定与测度，实现了从"价值分配"到"价值创造"的演进。

基于组织控制理论的观点，内部人控制，也即战略控制，是指企业的实际控制者必须对创新有足够的激励，并且拥有足够的知识和技能推动企业创新的开展，即"内部人"而非外部股东的控制是开展创新的必要条件[1]。由此可知，作为公司主要的"内部人"的高管，拥有资源配置权力，成为推动企业创新的主要力量。高管具有推动公司持续创新的动机与能力，才能实现公司的长期稳定与成长。然而，在资源稀缺条件下，他们可能更加关注公司短期绩效或个人利益的最大化，从而大大降低创新决策的理性。而如何激励高管以创新为导向，将企业的重要资金与知识资源配置到创新过程中去，这便需要高管激励机制的发挥引导创新的作用。因此，技术创新导向的高管激励机制设计是企业持续创新并取得竞争优势的关键。高管激励作为重要的治理机制，也应该从价值创造视角出发，以企业态创新能力的构建为导向进行重新界定与系统诠释。而高管激励的价值创造效应也成为高管激励研究领域的重要拓展方向。而本书认为，该价值创造效应最为主要的表现是高管激励对于技术创新的促进效应。

---

[1] 刘金石、王贵：《公司治理理论：异同探源、评介与比较》，载《经济学动态》2011年第 5 期，第 80~85 页。

3.2.3 价值创造效应的具体表现：促进技术创新动态能力构建

尽管国内外学者从促进技术创新视角出发，对高管激励效应进行了大量的理论与实证研究，但多数研究对于技术创新的界定基本上都局限在某个阶段（如投入或者产出等），并未持续关注整个技术创新过程。然而，技术创新是一个累积性动态性的过程，这必然会影响理论研究对于实践进行解释的客观性。本书认为，高管激励契约的技术创新促进效应该体现在对于创新全过程的激励，而非某一个具体的创新环节。

本书认为，技术创新是一个累积性的复杂过程，受到不同层次因素的多重影响。考虑到技术创新的不确定性、长期性以及累积性等特征，应该借鉴动态能力理论的相关观点，将技术创新能力从一个动态的视角进行诠释，即构建"技术创新动态能力"这个综合指标对技术创新能力进行全新解构。本书引用动态能力的内涵，结合技术创新的特点，将"技术创新动态能力"界定为"为积极应对环境变化，企业持续地进行一定的技术创新投入，带来相应的技术创新产出，并能进行有效技术创新转化的能力"。

本 章 小 结

本章对传统公司治理理论框架下的利益趋同效应假说与管理层权力寻租效应假说的主要观点及其局限性进行了分析，继而对组织控制理论的核心观点进行了阐述，得出高管激励效应向价值创造导向演进的观点。

随着创新经济学的发展，传统公司治理理论向组织控制理论进行了演进。组织控制理论通过聚集于生产领域的创新活动，推演出创新对公

第3章 高管激励效应的演进：从价值分配到价值创造

司治理机制的要求，其核心是"价值创造"。单边治理与共同治理局限性的凸显与金融危机的爆发，促进了公司治理理论从以"价值分配"为导向到以"价值创造"为导向的演进路径。而基于该演进趋势，高管激励效应也应进行重新界定与测度。

组织控制理论指出，推动企业创新的公司治理机制必须体现财务支持、组织整合和战略控制。作为公司主要的"内部人"的高管，拥有资源配置权力，成为推动企业创新的主要力量。高管激励作为重要的治理机制，也应该从价值创造视角出发，以企业技术创新动态能力的构建为导向进行重新界定与系统诠释。而高管激励的价值创造效应也成为高管激励研究领域的重要拓展方向。

第4章

技术创新动态能力的理论释义与维度解构

尽管国内外学者从促进技术创新视角出发,对高管激励效应进行了大量的理论与实证研究,但多数研究对于技术创新的界定基本上都局限在某个阶段(如投入或者产出等),并未持续关注整个技术创新过程。然而,技术创新是一个累积性动态性的过程,这必然会影响理论研究对于实践进行解释的客观性。本书认为,高管激励契约的技术创新促进作用应该体现在对于创新全过程的激励,而非某一个具体的创新环节。因此,本章以动态能力理论为基础,构建技术创新动态能力核心构念,并对其进行维度解构。

4.1 技术创新动态能力的理论释义

4.1.1 动态能力理论及其主要观点

动态能力理论(Dynamic Capability Theory)是基于资源基础观提出的。进入20世纪90年代以来,急速变化的竞争环境对传统的资源基础观提出了挑战，促进了由静态视角向动态视角的演进。蒂斯等（Teece et al.，1997）指出，动态能力是整合、建立、重置和再造内外部资源和能力以满足环境变化需求的能力，并于 2007 年提出阐释动态能力的理论框架，具体将动态能力分为"感知"能力（Sensing）、"攫取"能力（Seizing）和"转化"能力（Transforming）[①]。尽管关于动态能力的维度构成目前仍不存在统一的定论，但从动态能力的本质来看，它强调企业通过整合、利用、再造资源来创造新的竞争能力以达到与外部环境相匹配的目的（林海芬，苏敬勤，2012）[②]。同样，技术创新一直被认为是推动企业持续成长和不断更新最强有力的推动者，而拥有持续的技术创新能力是企业应对高度动荡的外部环境所必备的资源条件。因此，有关技术创新能力的研究也必须摒弃以前的静态观点，从动态能力视角出发进行重新界定。

4.1.2 技术创新的核心特征及其具体表现

技术创新的存在不是静态的，要经过一个不连续的、甚至是非线性的过程。在整个技术创新的周期中，存在着很多应当决策的节点，每一个节点都预示着一个不确定性的开端，这些开端共同构成了技术创新的不连续形态。一般而言，创新计划从选定方向开始，经过暂时搁置、重新开始等环节，但往往最终结果与最初设想的具有较大差异。因此，动态性是技术创新最为典型的特征，具体表现为以下三个方面（如图 4-1 所示）。

1. 技术创新结果的不确定性

技术创新需要经过一个复杂的过程，其成功与否是波动的和随机的，

[①] Teece D. J. Explicating dynamic capabilities: the nature and micro foundations of (sustainable) enterprise performance. Strategic management journal, 2007, 28 (13): 1319–1350.

[②] 林海芬、苏敬勤：《管理创新效力机制研究：基于动态能力观视角的研究框架》，载《管理评论》2012 年第 3 期，第 116~124 页。

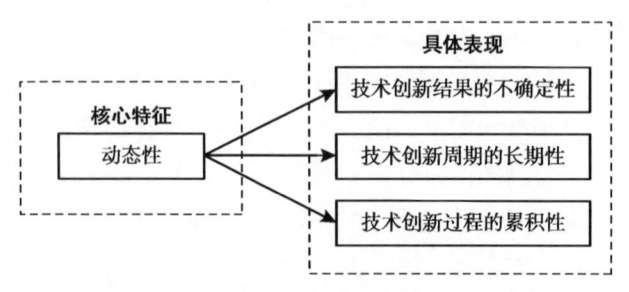

图 4-1 技术创新的核心特征及其具体表现

资料来源：作者根据相关文字内容整理。

具有很大的内在不确定性与风险性。克劳福德（Crawford，1987）指出，少于20%的新产品开发是成功的。李和尼尔（Lee and O'Neill，2003）发现，创新投入很有可能得不到任何回报[①]。格鲁尔克（Grulke，1987）指出，在技术、市场、组织、资源等任何领域的突破性创新都比渐进性创新有更大的风险。突破性创新的不确定性一般来自于四个方面：技术的不确定性，与潜在的科学知识与技术规范的完整性和正确性有关；市场的不确定性，与消费者的需求有关；组织的不确定性，与传统组织与创新团队的冲突有关；资源的不确定性，与项目投融资、员工安置与管理有关（蔡晓月，2009）。奥沙利文（O'Sullivan，2007）指出，由于宏观条件的制约，试图进行创新的企业将面临两种类型的不确定性：生产的不确定性和竞争的不确定性[②]。而这些均是技术创新风险性的充分论据。而信息的不对称性加剧了技术创新的不确定性。这种不对称来自于管理者掌握公司信息的无能为力以及股东对于收集信息的不情愿。股东拥有的信息越多（如降低了信息不对称），他就越容易了解技术创新投入的价值性。因此，股东占有的信息越多，管理层受制于短期压力的可能性就越低。同时，技术创新的本质属性也加剧了这种信息

---

① Lee, P. M. & O'Neill, H. M. Ownership structures and R&D investments of U. S. and Japanese firms: Agency and stewardship perspectives. Academy of Management Journal, 2003, 46: 212–225.

② ［美］奥沙利文（O'Sullivan）：《公司治理百年——美国和德国公司治理演变》，人民邮电出版社2007年版。

不对称（Myers，1984）①。站在管理者的立场上考虑，披露研发信息将会给竞争对手提供重要的信号，而披露更多研发项目的细节会将公司处于竞争劣势地位。沟通的缺失使股东不能十分透彻地理解管理的长期目标。由于很多投资者脱离了他们创立的公司，他们仅依赖外部的财务表现来了解公司的经营现状（Jacobs，1991）②。

2. 技术创新周期的长期性

根据创新程度的不同，从新思想的提出到发明成功直到创新的成功，所需时间从数年到上百年不等③。根据格鲁尔克（Grulke，1987）的研究发现，创新项目的评价完成时间为 10 年以上。虽然随着创新管理工具的发展，创新周期有缩短的趋势，但技术创新回报一般在长期才能实现。创新水平虽然会受到研发投入绝对额的影响，但其应该更取决于研发投入的产出效率。如果研发投入产出效率较低，那么即使投入大量研发资金也无济于事，并且近年来虽然我国企业的研发投入不断快速增长，增长速度达到170%④，但创新水平却并未得到显著提高⑤。当技术创新投入如果不能得到很好的控制、沟通以及内部合作的支持，那么公司很难影响创新能力（Nobel and Birkinshaw，1998）。研究者也发现，研发投入非常容易被消耗掉而不会产生任何回报（Rothaermel and Hess，2007）。由于技术创新的长期性，自利型高管（Self-serving Executives）将会牺牲公司的长期利益来获得短期效益。

3. 技术创新过程的累积性

徐宁、徐向艺（2012）指出，技术创新是一个累积性的复杂过程，

---

① Myers, S. The capital structure puzzle. Journal of Finance, 1984, 39：575 – 592.
② Jacobs, M. T. Short-term America：The cause and cures of our business myopia. Boston, MA：Harvard Business School Press, 1991.
③ 蔡晓月：《熊彼特式创新的经济学分析——创新原域、连接与变迁》，复旦大学出版社2009年版。
④ 梁莱歆、马如飞：《R&D 资金管理与企业自主创新——基于我国信息技术类上市公司的实证分析》，载《财经研究》2009 年第 8 期，第 49 ~ 59 页。
⑤ 梁莱歆、马如飞、田元飞：《R&D 资金筹集来源与企业技术创新——基于我国大中型工业企业的实证研究》，载《科学学与科学技术管理》2009 年第 7 期，第 89 ~ 93 页。

受到不同层次因素的多重影响，需要经历创新投入、创新产出与创新转化的过程。技术创新投入是技术创新的必要条件，也是创新过程的开端，只有投入足够的物质资本与人力资本，才能为创新提供丰富的资源条件。技术创新产出是技术创新过程的直接成果，如专利等。若想技术创新能够真正地创造价值，还必须进行有效的转化。技术创新产出经过转化，成为能够为公司创造价值的资产，才真正实现了技术创新的目的[1]。

由于技术创新的这种动态性特点，目前理论界与实践界仅仅关注与研发投入的视角是有待商榷的，比如多数实证研究将"技术创新"等同于"研发投入"，又如新《会计准则》要求，上市公司应该披露"研发投入"科目，也有上市公司在进行股票期权的行权条件时加入对"研发投入"的要求。这些均忽视了技术创新的动态性特征。而若想从根本上推动企业的技术创新，基于技术创新动态性视角的理论研究与实践探讨才具有科学性与合理性。

4.1.3 技术创新的动态整合模型

技术创新是一个由不同环节整合而成的动态过程。本书借鉴劳森和萨姆森（Lawson and Samson, 2001）构建的创新整合模型（Integrated Model of Innovation）[2]，结合动态能力理论的核心观点，以公司价值创造为终极目标，构建了技术创新的动态整合模型。如图4-2所示。

由模型可知，企业现阶段的利润多依赖于已有产品或服务的销售，因此主流业务将原材料转化成为产品以满足顾客需求。然而从长期看，随着竞争激烈程度的增加、产品线的逐步老化以及产品生命周期的缩短，原有主流业务满足顾客需要的能力会逐渐减弱。此时，主流业务应该为技术创新活动等提供资源，即进入技术创新的第一个环节——投入

---

[1] 徐宁、徐向艺：《控制权激励双重性与技术创新动态能力——基于高科技上市公司面板数据的实证研究》，载《中国工业经济》2012年10期，第109~121页。

[2] Lawson B., Samson D. Developing innovation capability in organizations: a dynamic capabilities approach. International Journal of Innovation Management, 2001, 5 (3): 377-400.

环节。技术创新投入是技术创新的必要条件,也是创新过程的开端,只有投入足够的物质资本与人力资本,才能为创新提供丰富的资源条件[①]。接下来是创新产出环节,这是技术创新过程的直接成果,如发明专利等,还未进入主流业务环节为企业创造价值。而真正实现价值反馈的环节是技术创新转化环节,经过这一环节,创新产出最终成为能够为公司创造价值的资产,促进企业的绩效表现与确保持续成长。

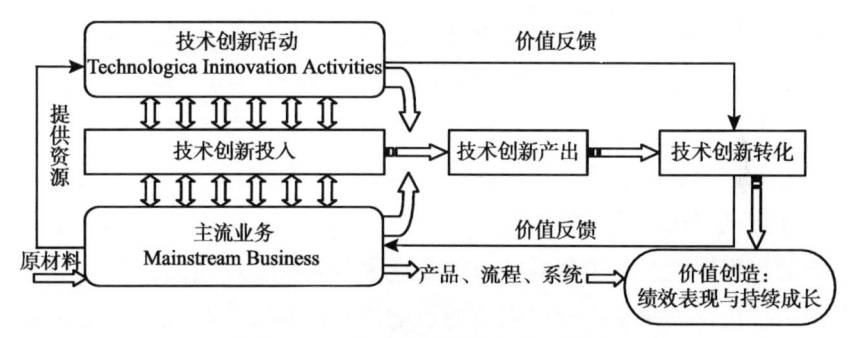

图 4-2 技术创新的动态整合模型

资料来源:Lawson B, Samson D. Developing innovation capability in organizations: a dynamic capabilities approach. International Journal of Innovation Management, 2001, 5 (3): 377-400. 略有改动。

4.1.4 技术创新动态能力的内涵界定

尽管有关技术创新能力评价方面的研究已经取得了较为丰富的成果,但该领域的研究文献最为一致的特征就是其研究结果的不一致性[②]。诸多学者试图借鉴制度理论、认知理论、交易成本理论与资源基础理论(RBV)等各种经典理论建立企业层面的创新模型,但这些模型始终没有解决上述问题[③]。

---

① 徐宁、徐向艺:《控制权激励双重性与技术创新动态能力——基于高科技上市公司面板数据的实证研究》,载《中国工业经济》2012年第10期,第109~121页。

② Wolfe, R. A. Organizational innovation: Review, critique and suggested research directions. Journal of Management Studies, May, 1994, 31 (3), 405-425.

③ Lawson B., Samson D. Developing innovation capability in organizations: a dynamic capabilities approach. International Journal of Innovation Management, 2001, 5 (03): 377-400.

学术界对于技术创新能力的界定及评价方式有广义与狭义之分，从广义角度出发的研究文献一般将其界定为企业整体的系统能力[1]，或者多个环节的能力的综合[2]，由 R&D 能力、生产能力、组织管理能力、投入能力、营销能力、财务能力与产出能力等构成。而狭义视角的研究多从创新内容与创新过程等方面对技术创新能力进行界定：以创新内容为依据，技术创新能力通常被定义为"支持企业创新战略实现的产品创新能力和工艺创新能力的耦合"[3]；从创新过程出发，技术创新能力的评价维度一般包括创新投入能力与创新产出能力[4][5]，或者技术创新活动投入、技术创新活动开展与技术创新活动产出[6]，等等。

笔者认为，这两种方式均具有一定的局限性。前者具有可辨识度与区分度较差、难以凸显该项能力的本质特征等局限性，后者也多采用主客观赋权法对技术创新能力进行静态测度，而且即使考虑到技术创新的过程性，其对于创新环节的描述也多是终止于创新产出，未考虑创新转化及其对企业价值创造的影响路径。实证分析表明，技术人员投入越多、研发技改投入越多、创新转化效率越高的企业，其技术创新能力越强。但在我国技术创新的各个影响因素之中，创新转化效率最为欠缺[7]。而面对高度动荡的竞争环境，拥有包涵创新转化能力在内的动态性技术创新能力才是企业生存发展之根本，所以上述界定

---

[1] 曹崇延、王淮学：《企业技术创新能力评价指标体系研究》，载《预测》1998 年第 2 期，第 66～68 页。

[2] 胡恩华：《企业技术创新能力指标体系的构建及综合评价》，载《科研管理》2001 年第 4 期，第 9～84 页。

[3] 魏江、寒午：《企业技术创新能力的界定及其与核心能力的关联》，载《科研管理》1998 年第 6 期，第 12～17 页。

[4] 刘微微、张铁男：《企业创新能力动态综合评价研究》，载《中国管理科学》2011 年第 10 期，第 789～793 页。

[5] 张琳、黄艳艳：《基于 DEA 方法的创新型企业技术创新能力评价分析》，载《南京工业大学学报（社会科学版）》2012 年第 4 期，第 67～72 页。

[6] 宁连举、李萌：《基于因子分析法构建大中型工业企业技术创新能力评价模型》，载《科研管理》2011 年第 3 期，第 51～58 页。

[7] 陈晓红、彭子晟、韩文强：《中小企业技术创新与成长性的关系研究——基于我国沪深中小上市公司的实证分析》，载《科学学研究》2008 年第 5 期，第 1098～1104 页。

与评价方式显然已经难以满足企业实践的需要。因此，考虑到技术创新的过程性、累积性以及不确定性特征，应从动态视角出发，采用时间跨度较大的面板数据对企业的技术创新能力进行全新阐释与系统解构。

由此可知，技术创新是一个累积性的复杂过程，受到不同层次因素的多重影响。考虑到技术创新的不确定性、长期性以及累积性等特征，应该借鉴动态能力理论的相关观点，将技术创新能力从一个动态的视角进行诠释，即构建"技术创新动态能力"这个综合指标对技术创新能力进行全新解构。以动态能力理论的核心观点与框架结构为基础，结合前面构建的技术创新动态整合模型，本书将"技术创新动态能力"界定为"企业以价值创造为主旨，积极应对外部环境的变化，持续地进行一定的技术创新投入，带来相应的技术创新产出，并能进行有效技术创新转化的能力"。

4.2 技术创新动态能力的维度解构

以蒂斯（Teece，2007）提出的动态能力理论框架[1]为基础，国外学者提出，动态创新能力也可分为"感知"能力、"攫取"能力和"转化"能力（Lichtenthaler and Muethel，2012[2]）。国内学者曹红军等（2009）通过验证性因子分析，将动态能力划分为动态的信息利用能力、资源获取能力、内部整合能力、外部协调与资源释放能力这五个

---

[1] Teece D. J. Explicating dynamic capabilities: the nature and micro foundations of (sustainable) enterprise performance. Strategic management journal, 2007, 28 (13): 1319–1350.

[2] Lichtenthaler U., Muethel M. The impact of family involvement on dynamic innovation capabilities: Evidence from German manufacturing firms. Entrepreneurship Theory and Practice, 2012, 36 (6): 1235–1253.

维度[1]。郑素丽等（2010）基于知识视角，提出动态能力是企业获取、创造和整合知识资源以感知、应对、利用和开创市场变革的能力，并将其划分为知识获取、知识创造、知识整合三个维度[2]。徐思雅、冯军政（2013）基于丹尼斯（Danneels，2002）把动态能力分为杠杆化现有资源、创造新资源、获取外部资源以及释放资源这四个分析维度[3]的观点，将其聚焦于获取外部资源以及资源释放这两个维度[4]。吕一博、苏敬勤（2011）从"创新过程"视角出发，通过对235家中小企业的实证研究，将中小企业的创新能力分为创新发起能力、创新实现能力和创新推广能力三个子维度，并指出这三个子维度对于企业创新能力的解释贡献相当，是中小企业创新能力的基本组成[5]。然而，其研究样本的时间跨度为2006年12月到2007年4月之间，虽然得到了过程性的研究结论，但由于时间跨度较窄，难以对创新能力的动态性进行较准确的识别与界定。综上所述，目前国内外学者对于技术创新动态能力的内涵及其构成维度的研究尚未取得一致性结论。

笔者认为，技术创新的三个环节——投入（Input）、产出（Output）与转化（Transforming）的成效如何取决于企业在每个环节拥有的能力，而将这些能力串联起来，就构成了技术创新动态能力。而在"技术创新动态能力"的理论释义中，也有三个关键要素：技术创新投入、技术创新产出与技术创新转化。技术创新投入是技术创新的必要条件，也是创新过程的开端，只有投入足够的物质资本与人力资本，才能为创新提供丰富的资源条件。技术创新产出是技术创新过程的直接成果，如

---

[1] 曹红军、赵剑波、王以华：《动态能力的维度：基于中国企业的实证研究》，载《科学学研究》2009年第1期，第36~44页。

[2] 郑素丽、章威、吴晓波：《基于知识的动态能力：理论与实证》，载《科学学研究》2010年第3期，第405~411页。

[3] Danneels E. The dynamics of product innovation and firm competences. Strategic management journal，2002，23（12）：1095–1121.

[4] 徐思雅、冯军政：《技术范式转变期大企业如何衰落——动态能力视角》，载《科学学与科学技术管理》2013年第10期，第31~38页。

[5] 吕一博、苏敬勤：《"创新过程"视角的中小企业创新能力结构化评价研究》，载《科学学与科学技术管理》2011年第8期，第59~64页。

专利等。但需要强调的是，技术创新产出也是创新过程的一部分，并不是最终成果。若想技术创新能够真正地创造价值，还必须进行有效的转化。技术创新产出经过转化，成为能够为公司创造价值的资产，才真正实现了技术创新的目的。所以说，技术创新的每个指标都有其特殊的意义，需要进行提炼归纳，从而更好地衡量技术创新动态能力。由上述分析推断，技术创新投入能力、技术创新产出能力与技术创新转化能力是技术创新动态能力的重要构成维度。下面将运用实证研究方法对该观点提供经验证据。

4.2.1 样本选取与数据来源

鉴于技术创新能力对于高科技上市公司的重要性以及高科技上市公司创新实践的典型性，本书选择高科技上市公司作为研究样本。根据证监会2001年颁布的《上市公司行业分类指引》及其他学者的研究，王华、黄之骏（2006）确定化学原料及化学制品制造业（C43）、化学纤维制造业（C47）、电子业（C5）、仪器仪表及文化和办公用机械制造业（C78）、医药生物制品业（C8）、信息技术业（G）为高科技企业。本书引用上述学者对高科技企业的界定，对ST类公司、被停止上市的公司以及部分数据缺失的样本进行剔除之后，每年度分别得到102家上市公司，选择四年为研究区间，共获得408个有效观测样本的平衡动态面板数据。

但考虑到技术创新的动态性（即产出指标、转化指标相对于投入指标的滞后性），高管激励与技术创新投入变量选择2007~2010年数据，技术创新产出变量选择滞后一年（即2008~2011）的数据，技术创新转化变量选择滞后两年（即2009~2012）的数据。实证检验所使用的财务数据、公司治理数据等均来自于国泰安中国股票市场研究数据库（CSMAR数据库）。技术人员数据由笔者通过手工整理公司年报披露的员工构成情况获得。专利数据来自于中国知识产权网专利信息服务平台，通过购买与手工查询获得。

4.2.2 变量设计与研究方法

1. 变量设计

以往多数文献将"研发支出"作为技术创新的操作变量,然而考虑到技术创新的过程性特点,对其界定与衡量不能仅仅局限在一个单一静态的维度。因此,本书从技术创新投入、技术创新产出与技术创新转化三个关键点出发,选择研发投入强度、技术人员强度、专利申请总量、发明申请总量、技术资产比率等多个指标作为技术创新能力变量,并通过对这些指标进行因子分析,从而获得技术创新动态能力的构成维度。各个指标的定义与计算方式如表4-1所示。

(1) 研发投入强度(R&D-input)。2007年开始,新《会计准则》要求上市公司应当在年报中披露公司的技术创新情况,如研发投入等。参考已有研究的变量定义方式,本书选取研发投入强度(R&D Intensity)作为构成技术创新动态能力的变量,以"第 t 年上市公司年报中披露的研发支出与主营业务收入的比值"进行测量。

(2) 技术人员强度(R&D-employee)。顾群,翟淑萍(2012)指出,研发投入中的50%以上都是用于支付研究开发人员的培训费和工资。但这部分无法从报表中获得,因此用技术人员强度替代[1]。李强(2010)技术人员是企业技术创新的主体,技术人员数量的多少能够从一定程度上反映一个企业技术创新的能力的高低[2]。本书选择"第 t 年年末财务报表中公布的技术人员占总员工的比例"对技术人员强度进行衡量,通过手工查询上市公司年报获得。

(3) 专利申请总数(Patent)。考虑到专利申请对于研发投入的滞

---

[1] 顾群、翟淑萍:《融资约束、代理成本与企业创新效率——来自上市高新技术企业的经验据据》,载《经济与管理研究》2012年第5期,第73~80页。

[2] 李强:《基于DEA方法的我国中小企业技术创新效率研究——以深交所中小上市公司为例》,载《科技管理研究》2010年第10期,第43~45页。

后性,本书选择之后一年(即第 t+1 年)专利申请数量对技术创新产出进行衡量,而非专利授予数量。格里利兹(Griliches, 1990),克洛比(Croby, 2000)均认为,与专利申请数量相比,专利授予数量的不确定性更大,更容易出现波动,因为专利是否授予容易受到专利机构等人为因素的影响,所以,专利申请量比专利授予量更能反映技术创新产出的实际水平[1][2]。专利申请数据来自于中国知识产权网数据库,由作者手工搜集获得。

(4)发明申请总量(*I-patent*)。发明、实用新型与外观设计是专利的三种基本类型,不同类型具有不同的内涵界定。发明,是指对产品、方法或者其改进所提出的新的技术方案;实用新型,是指对产品的形状、构造或者其结合所提出的适于实用的新的技术方案;外观设计,是指对产品的形状、图案或者其结合以及色彩与形状、图案的结合所作出的富有美感并适于工业应用的新设计[3]。由此可知,如果说专利申请总量反映的是上市公司创新产出的数量,那么,发明专利申请总量则反映的是创新产出的质量[4]。因此,与专利申请数量一样,本书选择滞后一年(即第 t+1 年)发明专利申请总量作为技术创新动态能力的重要构成指标。

(5)技术资产比率(*Intangible*)。鉴于专利是反映创新过程的重要指标,但却不能反映创新的最终绩效,由此可知,技术创新产出还应当包含其他指标。茂宁(2000)认为,无形资产是企业创新活动所形成的非物质形态的价值创造来源[5]。戴维德等(David et al., 2001)也指出,研发投资是企业在开发无形资产、实施差异化战略等方面的重

---

[1] Zvi Griliches. Patent Statistics as Economic Indicators: A survey. Journal of Economic Literature, 1999, 28 (4): 1661 – 1707.

[2] Mark Croby. Patents, Innovation and Growth. The Economic Record, 2000, 76 (234): 255 – 262.

[3] 《中华人民共和国专利法》(2008.12.27)第一章第二条。

[4] 徐宁、徐向艺:《控制权激励双重性与技术创新动态能力——基于高科技上市公司面板数据的实证研究》,载《中国工业经济》2012 年第 10 期,第 109~121 页。

[5] 茂宁:《无形资产在企业价值创造中的作用与机理分析》,载《外国经济与管理》2001 年第 7 期,第 2~8 页。

要投入，代表着技术创新对于企业的战略重要程度[1]。因此，无形资产[2]、新产品开发等应作为上市公司研发投资的最终转化结果。考虑到技术创新转化对于技术创新产出也有一定的滞后性，本书选择滞后两年（即第 t+2 年）的技术资产比率（即无形资产占总资产的比率）作为技术创新动态能力测量的另一重要指标。技术创新变量的设计如表 4-1 所示。

表 4-1　　　　　　　　技术创新变量设计

变量名称	符号	变量定义与计算方式
研发投入强度	R&D-input$_t$	第 t 年公司年末披露的研发支出[3]/主营业务收入
技术人员强度	R&D-employee$_t$	第 t 年公司年末披露的技术人员数[4]/企业总人数
专利申请总量	Patent$_{t+1}$	第 t+1 年所有类型专利（发明、实用新型、外观设计）年度申请数[5]
发明申请总量	I-patent$_{t+1}$	第 t+1 年发明专利[6]年度申请数
无形资产比率	Intangible$_{t+2}$	第 t+2 年公司年末披露的无形资产[7]/总资产

资料来源：作者根据相关文字资料整理。

---

[1] David P., Hitt M. A., Gimeno J. The influence of activism by institutional investors on R&D. Academy of Mangement Journal，2001，44（2）：144-157.

[2] 无形资产主要由专利权、商标权、著作权、土地使用权、非专利技术、商誉等构成，从无形资产包含的内容中可以大体看出，无形资产投入有很大一部分是可以体现出企业技术创新水平的。

[3] 自 2007 年开始实施的会计准则要求上市公司应当在年报中详细披露公司的研发投入等技术创新情况。

[4] 技术人员是企业技术创新的主体，技术人员数量的多少能够从一定程度上反映一个企业技术创新投入能力的高低。

[5] 相对于专利申请量而言，专利授予数量更容易受到专利机构等众多人为因素的影响，使其不确定性大大增强而容易出现异常变动，因此，专利申请量比专利授予量更能反映创新产出的真实水平（Croby，2000）。

[6] 发明专利，是指对产品、方法或者其改进所提出的新的技术方案。

[7] 顾群、翟淑萍（2012）指出无形资产是企业创新活动所形成的非物质形态的价值创造来源，因此，用技术资产，即无形资产比率作为创新的产出指标。

2. 研究方法

运用因子分析将原有的技术创新变量进行浓缩，即将原有变量中的信息重叠部分提取和综合成最终因子，进而探究技术创新动态能力的主要构成维度。运用主成分分析（Principal Component Analysis）、方差最大化旋转（Varimax with Kaiser Normalization）等方法，最后得到因子分析结果。

4.2.3 实证结果分析与讨论

1. 主要变量描述性统计

表4-2是对主要变量进行的分年度描述性统计。由其可知，2007~2010年高科技上市公司的研发投入强度（R&D-input）均值一直未超过0.4%，最大值也保持在5%左右，与西方国家的高科技公司相差悬殊。更有甚者，仍有部分公司连续四年的研发投入强度一直为0。对于高科技公司而言，这样的研发投入水平的确有待提高。技术人员比例在研究区间的均值在0.177~0.194之间，四年来并未产生太大的变化，最大值在0.887~0.915之间，也保持了较为稳定的趋势，最小值为0。

表4-2　　　　　　　　主要变量分年度描述性统计

年度	变量	平均值	标准差	最小值	最大值
2007	研发投入强度	0.002	0.008	0.000	0.050
	技术人员比例	0.177	0.173	0.000	0.910
	专利申请总数	8.010	26.669	0.000	203
	发明申请总数	3.235	11.220	0.000	101
	无形资产比率	0.041	0.041	0.000	0.219

续表

年度	变量	平均值	标准差	最小值	最大值
2008	研发投入强度	0.003	0.009	0.000	0.049
	技术人员比例	0.192	0.174	0.000	0.915
	专利申请总数	11.216	31.697	0.000	228
	发明申请总数	4.647	13.360	0.000	110
	无形资产比率	0.046	0.039	0.000	0.212
2009	研发投入强度	0.004	0.011	0.000	0.087
	技术人员比例	0.194	0.179	0.000	0.897
	专利申请总数	16.510	41.932	0.000	236
	发明申请总数	9.206	28.747	0.000	236
	无形资产比率	0.048	0.039	0.000	0.191
2010	研发投入强度	0.004	0.011	0.000	0.067
	技术人员比例	0.192	0.183	0.000	0.887
	专利申请总数	18.569	46.060	0.000	332
	发明申请总数	9.078	25.231	0.000	200
	无形资产比率	0.047	0.052	0.000	0.444
2011	专利申请总数	11.451	29.751	0.000	196
	发明申请总数	5.235	14.667	0.000	108
	无形资产比率	0.051	0.073	0.000	0.676
2012	无形资产比率	0.054	0.081	0.000	0.765

资料来源：作者根据相关实证分析数据整理。

在研究区间内，逐年增长趋势最为明显的变量是专利申请总量（Patent），均值分别为 8.010 项、11.216 项、16.510 项与 18.569 项，2010 年比 2007 年增长了 132%。但专利申请数在样本公司之间的不平衡性是一个较为突出的问题，专利申请数最多的公司一年能达到数百个，但有的公司却连续多年为 0，而且标准差也逐年增大。发明申请总量（I-patent）也呈现出增长态势，年度均值分别为 3.235 项，4.647

项，9.206 项与 9.078 项，但 2010 年比 2009 年减少了 1.2%。这表明，虽然 2010 年的专利申请数量增加了，但最具创新性的发明专利申请总量却减少了，即在技术创新产出数量持续增长的情况下，产出质量有所降低。

值得强调的是，无形资产比率（Intangible）这一变量的变化并不明显。这在一定程度上说明，专利申请增长速度虽然很快，但这些申请的专利真正成为高科技上市公司的知识产权，计入无形资产价值，还未在短期内实现。由此可知，技术创新转化是高科技公司的弱项。而若想进一步提升高科技公司的技术创新动态能力，克服技术创新转化这一短板将成为高科技公司下一步加强的重点。

2. 技术创新动态能力因子分析

由表 4-3 可知，巴特利特检验统计量的观测值为 773.161，相应的概率 p 等于 0.000，小于显著性水平 0.05，应拒绝零假设，认为相关系数矩阵与单位阵有显著差异。同时，KMO 值为 0.778，根据凯撒（Kaiser）给出的 KMO 度量标准可知原有变量适合进行因子分析。而且，最终因子对变量的累积解释达到 84.839%，相应得到三个最终因子（F1，F2 与 F3）。

表 4-3　　　　　　因子解释原有变量总方差的情况

因子编号	初始因子解 特征根值	初始因子解 方差贡献率(%)	初始因子解 累积贡献率(%)	因子解 特征根值	因子解 方差贡献率(%)	因子解 累积贡献率(%)	最终因子解 特征根值	最终因子解 方差贡献率(%)	最终因子解 累积贡献率(%)
1	1.926	38.518	38.518	1.926	38.518	38.518	1.915	38.290	38.290
2	1.311	26.218	64.736	1.311	26.218	64.736	1.264	25.273	63.563
3	1.005	20.103	84.839	1.005	20.103	84.839	1.064	21.276	84.839
4	0.671	13.425	98.264						
5	0.087	1.736	100.000						

注：KMO 样本充分性检验：0.778；Approx. Chi-Square：773.161；sig：0.000
资料来源：作者根据相关实证分析数据整理。

如表4-4所示，三个因子均具有命名解释性。F1主要由专利申请总数（Patent）与发明专利总数（I-patent）构成（权重均超过0.5）。专利申请总数反映的是技术创新产出的数量。而与实用新型与外观设计相比，发明是最具创新性的专利，因而专利申请总量反映的是技术创新产出的质量，两者相结合形成了技术创新产出能力的综合指标。F2主要由研发投入强度（R&D-input）与技术人员强度（R&D-employee）构成。可以说，研发投入强度是"物质资本（主要是资金成本）"投入，技术人员强度是"非物质资本（主要是人力资本）"投入，两者均是技术创新投入所必需的资源条件，共同构成了技术创新投入能力的综合指标。F3主要由无形资产比率（Intangible）构成。戴维德，希特和希梅诺（David, Hitt and Gimeno, 2001）指出，研发投资代表着创新对于企业的战略重要性，是企业在开发无形资产等方面的重要投入。由研发投资而产生的知识产权最终都会计入无形资产，所以，无形资产应作为研发投资的最终产出结果[①]。因此，本书将F3设定为反映公司技术创新成果转化能力的指标。

表4-4　　　　　　　　　　因子得分系数矩阵

初始因子	最终因子		
	F1：技术创新产出	F2：技术创新投入	F3：技术创新转化
无形资产比率（Intangible）	0.025	0.064	0.901
专利申请总量（Patent）	0.511	-0.009	0.012
发明申请总量（I-patent）	0.512	-0.003	0.025
研发投入强度（R&D-input）	-0.017	0.698	0.259
技术人员强度（R&D-employee）	0.004	0.556	-0.270

注：提取方法为主成分分析；旋转方法为方差最大正交旋转。
资料来源：作者根据相关实证分析数据整理。

综上所述，分别将上述因子界定为：技术创新产出能力（TIO）；

[①] David P., Hitt M. A., Gimeno J. The Influence of Activism by Institutional Investors on R&D. Academy of Mangement Journal, 2001, 44 (2): 144-157.

技术创新投入能力（TII）；技术创新转化能力（TIT）。每个因子的计算方式如下：

$$TIO = 0.025 Intangible + 0.511 Patent + 0.512 I-patent$$
$$- 0.017 R\&D-input + 0.004 R\&D-employee$$
$$TII = 0.064 Intangible - 0.009 Patent - 0.003 I-patent$$
$$+ 0.698 R\&D-input + 0.556 R\&D-employee$$
$$TIT = 0.901 Intangible + 0.012 Patent + 0.025 I-patent$$
$$+ 0.259 R\&D-input - 0.270 R\&D-employee$$

最后，采用计算因子加权总分的方法，对技术创新动态能力进行综合评价。以三个因子的方差贡献率作为权数，得到"技术创新动态能力"计算公式为：

$$TIDC = 0.38290 \times TIO + 0.25273 \times TII + 0.21276 \times TIT$$

通过上述因子分析结果可知，技术创新动态能力由技术创新投入能力、技术创新产出能力与技术创新转化能力三个维度构成。

本 章 小 结

技术创新是一个累积性的复杂过程，受到不同层次因素的多重影响。本章以动态能力理论为基础，构建技术创新动态能力核心构念，并对其进行维度解构。考虑到技术创新的不确定性、长期性以及累积性等特征，引用动态能力的内涵，结合技术创新的特点，将"技术创新动态能力"界定为"为积极应对环境变化，企业持续地进行一定的技术创新投入，带来相应的技术创新产出，并能进行有效技术创新转化的能力"。

运用中国高科技上市公司的平衡面板数据进行实证研究表明，技术创新动态能力是由投入能力、产出能力与转化能力三个维度构成的。技术创新投入是技术创新的必要条件，也是创新过程的开端，只有投入足够的物质资本与人力资本,才能为创新提供丰富的资源条件。技术创新产出是技术创新过程的直接成果,如专利等。但需要强调的是,技术创新产出也是创新过程的一部分,并不是最终成果。若想技术创新能够真正地创造价值,还必须进行有效的转化。技术创新产出经过转化,成为能够为公司创造价值的资产,才真正实现了技术创新的目的。后续章节将以技术创新动态能力及其三个维度作为因变量,对高管激励契约整合的价值创造效应进行深入系统的实证研究。

第 5 章

单一高管激励契约与技术创新动态能力构建

本章首先对显性激励契约与隐性激励契约的内涵与外延进行界定，并分别对薪酬激励、股权激励、控制权激励、声誉激励等主要契约的特性及激励机理进行系统分析。然后，运用中国高科技上市公司的面板数据，对单一激励契约对技术创新动态能力的影响进行实证检验，从而对单一激励契约的价值创造效应进行深入分析。

5.1 高管显性激励契约的内涵、构成及特征

5.1.1 显性激励契约的内涵

张维迎（2005）提出经理人激励机制包括显性激励与隐性激励，基于风险分担的激励机制是建立在一个明示的业绩合同的基础上的，也即明确地把工资和效益挂钩，它得以实施的前提是当期的业绩必须能够被人们很准确地度量——虽然行为是难以观测的，这被称之为显

性激励[1]。基于此，本书将显性激励的内涵界定为：具有明确的契约条款及时限规定，并且激励标准能够被准确测量的高管激励契约方式的总称，一般主要包括现金薪酬激励（以年薪制为主）与股权激励两类方式。

在国内外的企业实践中，现金薪酬激励（简称薪酬激励）与股权激励是最为主要的两种显性激励契约。其中，薪酬激励是最为普遍的一种显性激励契约方式，是公司对高管的努力与贡献的基础性回报。年薪制又是上市公司最为常用的薪酬激励模式，包括基本年薪和绩效年薪（风险年薪），后者需要根据公司的年度经营目标及公司的实际经营业绩进行核定与发放。虽然可以将企业经营者的个人收入与企业的当期经济效益挂钩，但难以与企业长期绩效相关联，从而不能有效地抑制经营者的短期化行为。因此，股权激励成为了对薪酬激励局限性的良好补充，它使经营者及核心员工等通过获得公司股权赋予的经济权利，参与企业决策、共享利润、共担风险，使其能够以公司的长远利益为出发点，更加勤勉地为公司的发展服务[2]，包括股票期权、限制性股票、股票增值权等激励模式。

5.1.2 薪酬激励的特征及作用机理

1. 薪酬激励的特征

薪酬激励的界定有广义与狭义之分。以英美模式为例，广义的薪酬包括基本薪酬、年度奖金、长期激励（股票、股权等收入）、养老金计划和津贴能构成。而狭义的薪酬激励仅仅指短期薪酬激励计划，通常为年薪制，多为年度支付，也有些薪酬计划是每季度或每半年测量绩效一次并支付绩效薪酬。本书采用狭义的界定，即以年薪制为主。年薪制就是以年度为单位，依据企业的生产经营成功和承担的责任确定并支付工

---

[1] 张维迎：《产权、激励与公司治理》，经济科学出版社2005年版。
[2] 徐宁：《中国上市公司股权激励契约安排与制度设计》，经济科学出版社2012年版。

资收入的分配方式。一般而言，薪酬的数量在较大程度上取决于企业的经营业绩，而经营业绩一般是阶段性产生的，因此公司经营者的收入首先应以经营周期为单位来确定，这就是年薪制实施的初衷。

2. 薪酬激励的作用机理

年薪一般由基本年薪和绩效年薪（风险年薪）两部分组成。基本年薪按月发放，绩效年薪年终结算后再行兑现，同时考虑行业特点与差异。基本年薪是最为安全的薪酬形式，由公司按月分摊发放，在工资总额中列支。基本年薪通常可由岗位年薪和规模年薪两部分组成。岗位年薪是指担任公司董事长、总裁岗位而给予的薪酬；规模年薪根据公司当期期初的所有者权益和营业收入规模确定。绩效年薪是经营者的风险报酬，是指对补偿权益成本之后实现的经济利润的分享，具体按照当期所实现的归属于母公司所有者的经济利润和期初归属于母公司的权益规模实行分档计提累积。也有企业将其称为风险年薪，是指企业经营管理者在按本年度期初所有者权益的规模交纳相应的风险金后，依据企业全年实现的资产保值增值水平所得到的风险报酬。董事会对主要经营者即董事长及总裁的年薪按相应标准考核后确定；其他高级管理人员的年薪依据本办法，董事长年薪还须最终提请股东大会审定。

决定高管风险年薪的主要因素大多是财务指标。这些指标可以较为直观、明确、具体地反映出管理层决策与工作勤勉的后果，可以让高管理解并"看到"他们的行为日复一日产生的对年终利润率的影响。而且，确定的过程是非常明确的，不需要太多复杂的判断就可以依据有关标准确定业绩的高低及相对应的奖金数额。然而，由于财务指标是对历史的记录，并且多是短期性的，因此如果仅仅采用薪酬激励，会导致高管对会计数据太过关注，从而导致其投资决策的短期行为[1]。所以说，薪酬激励的作用机理是将高管的当期收益与公司当期绩效挂钩，只能作为短期激励的工具。

---

[1] 马永斌：《公司治理与股权激励》，清华大学出版社2010年版。

3. 年薪制在中国的发展

从 1992 年起，我国先后在上海、江苏、河南、福建、湖南、湖北、深圳等省市开始了国有企业经营者实行年薪制的改革试点。1998 年中国企业家调查系统调查的数据显示实施年薪制的企业占总样本的 17.5%，其中比例最高的私营企业经营者，为 41.6%，国有企业和集体企业分别为 15.0% 和 20.2%。

自 1998 年开始，上市公司便开始披露高层管理人员的年薪，披露的口径是前三位最高收入的管理者的年薪总和，包含了董事长和总经理的薪酬，基本上反映了企业最高管理者的收入状况。1998 年我国上市公司高管人员的平均年薪为 5.176 万元，2006 年达到 16.28 万元[①]。2010 年 1725 家上市公司中，高管薪酬均值为 74.77 万元，其中最高的公司是浙江龙盛，为 7450.90 万元[②]。上市公司高管的收入也有了大幅度提高，如表 5 - 1 所示。

表 5 - 1 2010 年中国上市公司高管薪酬绝对值排名（前十位）

代码	证券名称	省份	行业	所有制性质	薪酬最高前三位高管平均值（万元）
600352	浙江龙盛	浙江	C4 石化塑胶	无国有股份	7450.90
002081	金螳螂	江苏	E 建筑业	无国有股份	4423.81
002024	苏宁电器	江苏	H 批发零售	无国有股份	3929.33
002011	盾安环境	浙江	C7 机械设备	国有参股	3825.85
002003	伟星股份	浙江	C9 其他制造业	无国有股份	1898.95
000046	泛海建设	广东	J 房地产业	无国有股份	1665.93
002154	报喜鸟	浙江	C1 纺织服装	无国有股份	1642.73
002063	远光软件	广东	G 信息技术	国有参股	1503.76
600499	科达机电	广东	C7 机械设备	无国有股份	1456.14
002079	苏州固锝	江苏	C5 电子	无国有股份	1157.63

资料来源：高明华等：《中国上市公司高管薪酬指数报告（2011）》，经济科学出版社 2011 年版。

[①] 沈乐平、张永莲：《公司治理原理与案例》，东北财经大学出版社 2009 年版。
[②] 高明华等：《中国上市公司高管薪酬指数报告（2011）》，经济科学出版社 2011 年版。

但目前年薪制，还存在以下两个问题：一是实施对象模糊不清。从理论意义上说，企业高管年薪制的实施对象应是职业企业家，但在我国，很多国有企业的经营者并不是通过市场机制选拔出来的"职业经理人"，而是由政府指派或上级所任命，并且管理层人员队伍庞大，权责不清；而是考核体系不科学。就我国目前实行企业经营者年薪制的情况而言，反映经营者业绩好坏的指标还不规范，考核标准不统一，评价体系也不完善。很多企业的考核指标过分集中于短期利润增长率和经营目标的完成方面，缺乏对经营者长期业绩的考核，忽略了企业内部管理机制的健全和管理水平、企业竞争能力的提高；二是缺乏对高管的有效约束，存在高管权力寻租效应与薪酬黏性效应，从而出现业绩与薪酬敏感性较低的情况。大部分上市公司高管的薪酬呈现出增长的态势。但当公司业绩指标下降的时候，诸多高管薪酬不降反升的现象依然存在。

与此同时，中国上市公司过大的薪酬差距也成为公众抨击的对象。在此背景之下，更为严格的针对企业高管薪酬的规定相继颁布，2008年和2009年财政部相继颁布和修订了针对国有金融企业高管的限薪规定。近年来，薪酬管制政策的涉及范围不断扩大，力度也不断提高。2015年1月1日，《中央管理企业负责人薪酬制度改革方案》已正式实施，旨在对国有企业，尤其是中央直属企业负责人及高层管理人员的薪酬及福利进行限定。在该项政策的指导之下，中国移动等企业于近日发布了降薪方案①。

5.1.3 股权激励的特征及作用机理

股权激励作为一种重要的长期激励机制，其初衷是通过授予管理层股权及其所赋予的经济权利，使其与公司共享利益、共担风险，促进管理层利益与公司利益相结合。在股权分置改革之前，由于我国股权激励

---

① 在中国移动2015年7月22日的年中总结会上，中国移动发布了降薪方案。方案显示，中国移动二级正以上官员年薪将降50%，各省公司班子成员降40%，处长一级管理人员降20%。(http://www.cq.xinhuanet.com/2015-07/23/c_1116012708.htm)

推行较缓慢，股权激励效果并不明显（魏刚，2000）。但自股权分置改革之后，尤其随着资本市场的发展与股权激励相关制度的颁布与实施，股权激励作为一种解决代理问题的重要工具被广泛采用，其正向效应逐步显现（徐向艺，徐宁，2010）。由于受经济体制环境的制约，股权激励在中国经历了一个逐步试验，缓慢发展的过程。自2005年开始的股权分置改革解决了制约中国资本市场发展的重大制度性缺陷，使股权激励制度的推行进入了崭新阶段。由于股权激励特有的优势，受到了中国上市公司，尤其是高科技上市公司的青睐。

1. 股权激励的特征

股权激励是一种典型的长期激励机制，也有广义与狭义之分。广义的股权激励涵盖内容较宽泛，可以根据不同的标准划分为不同类型，如按照基本权利义务关系的不同，可以分为现股激励、期股激励与期权激励，又如按照激励对象划分，股权激励可以分为员工持股计划（Employee Stock Owner Plans, ESOP）和管理层持股（Management Ownership）等。而狭义的股权激励一般是指股票期权激励计划（Stock Options），即授予激励对象在未来一定时间内以预定的价格（行权价格）和条件购买一定数量本公司股票的权利。本书将"股权激励"界定为，"通过使经营者等激励对象获得公司股权赋予的经济权利，使其能够参与公司决策、与公司共享利润、共担风险，并将自身利益与公司利益相结合的长期激励机制"。相对于其他激励机制而言，股权激励具有的典型优势体现多个方面，如避免代理人短期化行为、激励与约束并举等，而长期性与约束性是股权激励区别于其他激励机制最为显著的特征。

（1）中长期性质。这是股权激励有别于薪酬激励契约的特征之一。基本薪资、福利、短期奖金等各类激励方式均具有较高的针对性，如基本薪资保障员工基本生活，福利解决员工后顾之忧，短期奖金是对员工当前绩效的直接回报，但却在激励的长期性方面捉襟见肘。从人才保留和人才吸引两个维度来考虑，长期激励应作为整体薪酬体系的一部分，而只有股权激励能够将员工利益与企业长远利益结合在一起，起到长期激励的作用。

（2）适度的约束性。适度的约束是股权激励方案合理性的另一重要表现，因此，被赋予了"金手铐"这个形象的比喻。激励机制设计理论要求，一个合理的激励合约应满足与经理人行为正相关的业绩衡量必须是可证实的，或可观察的。股权激励注重股价与收益的直接挂钩，虽然满足了"可证实或可观察"的要求，但其是否与经理人行为正相关仍值得商榷。同时，股价与收益的直接挂钩使经理人具有通过操纵股价而获得超额收益的动机，加之公司内外部监督约束机制的不尽完善使其也具备了相应的能力，因此，通过设置绩效指标等多项门槛来约束经营者的行为是十分必要的，也是股权激励区别于福利型激励的重要特征。

2. 股权激励的作用机理

股权激励契约一般是指事先设定一个较长时期（通常为3~5年）的绩效目标，当高管实现了这些目标，就可以获得股权奖励。该契约以激励对象的阶段性工作业绩作为考核标准。以股票期权为例，这些标准可以细化为授予条件与行权条件。如果达到了授予条件，那么就可以拥有被授予股票期权的资格，如果达到了行权条件，那么就可以对已经获得的股票期权进行行权。这些标准多是对于企业的中长期绩效的评价。同时，公司股价也是重要的标准，当公司股价达到预定目标时，激励对象可以获得公司股价上升所带来的收益。在资本市场有效的情况下，股价反映的是市场对于公司价值的认同。

不同的股权激励模式具有不同的作用过程，如股票期权与限制性股票在基本权利义务、价值估值方式、限制环节等存在差异。股票期权的关键环节是赠与、授予、行权与出售，而相对于前三个环节而言，出售环节的控制较为宽松，其关键时点为授予日、可行权日与行权日。在授予日对行权价制定的控制，在可行权日对盈余管理的控制，行权日后到股票出售日之间对股价操纵的控制等都是保证其有效实施的关键。而限制性股票则侧重于在出售环节进行严格的限制，通过设定锁定期与绩效条件等对激励对象的最终收益进行控制①。

3. 股权激励制度在中国的发展

笔者将 2005 年股权分置改革之前的股权激励制度的逐步引入称为探索阶段,而将 2005 年之后股权激励制度的快速发展称为发展阶段②。在探索阶段中,由于制度环境的不完善,从 20 世纪 80 年代国有公司海外上市股权激励计划,到 90 年代初期的经营层激励试点,再到 90 年代中期开始的管理层持股(MBO)与员工持股计划(ESOP),均未能取得理想成效。而在发展阶段,随着股权激励政策的环境不断完善与实践的不断丰富,逐步经历了从酝酿、试点、整顿到成熟、完善的演进过程,如图 5-1 所示。

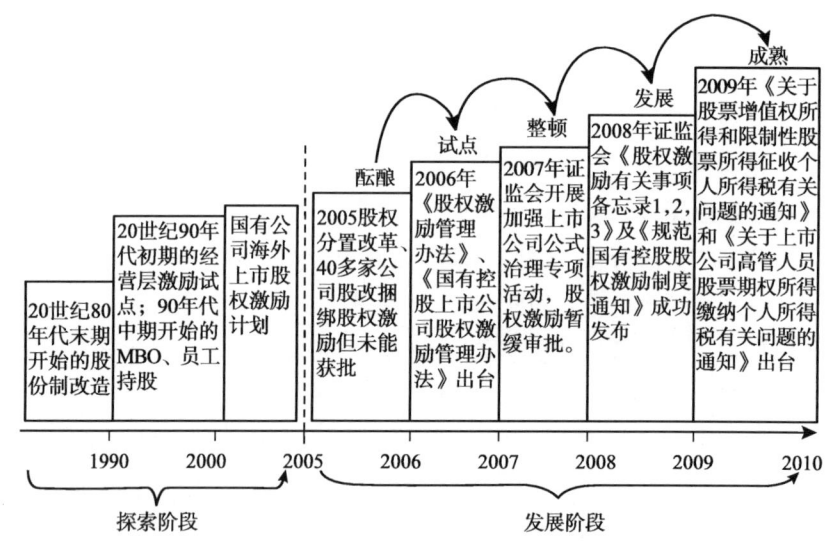

图 5-1 股权激励在中国的发展阶段

资料来源:徐宁:《中国上市公司股权激励契约安排与制度设计》,经济科学出版社 2012 年,第 63 页。

---

① 徐宁、徐向艺:《上市公司股权激励效应研究脉络梳理与不同视角比较》,载《外国经济与管理》2010 年第 7 期,第 57~64 页。

② 徐宁:《中国上市公司股权激励契约安排与制度设计》,经济科学出版社 2012 年版。

2005年,股权分置改革为中国资本市场稳定健康发展奠定了良好的基础。同时,这场改革也为股权激励的实施彻底扫清了制度层面的障碍,为市场定价机制的完善创造了基础条件,使资本市场交易价格能够动态反映企业的市场价值。中国上市公司也以此为契机开始了对股权激励的探索与推进。2006年1月1日颁布的《上市公司股权激励管理办法(试行)》预示着股权激励机制正式引入中国,2006年国务院国资委、财政部公布《国有控股上市公司(境内)实施股权激励试行办法》标志着股权激励试点工作的正式启动。

2007年股权激励进程进入了一个转折点。为解决上市公司治理在实际运作中的薄弱环节,提高上市公司质量,证监会于2007年3月开始进行"上市公司治理专项活动",其总体目标是:上市公司独立性显著增强,日常运作的规范程度明显改善,透明度明显提高,投资者和社会公众对上市公司的治理水平广泛认同[①]。此次专项整治活动虽然暂时延缓了上市公司股权激励的发展进程,但通过对上市公司治理结构的改善,对于股权激励在今后一段时期的发展创造了良好的内部条件,奠定了良好的制度基础。经过2007年的调整,2008年中国股权激励不管在制度建设方面,还是实践推进方面均取得了不菲成绩。2008年国资委、财政部《关于规范国有控股上市公司实施股权激励制度有关问题的通知》及证监会《股权激励有关事项备忘录1,2,3》成功发布,这意味着中国股权激励政策环境走向了进一步成熟。

随着中国股权激励政策的成熟,股票估值水平回归理性,中国股权激励迎来了历史性的机会。2009年关于股权激励的相关配套政策不断完善和细化,财政部、国家税务总局相继出台《关于股票增值权所得和限制性股票所得征收个人所得税有关问题的通知》和《关于上市公司高管人员股票期权所得缴纳个人所得税有关问题的通知》,意味着中国的股权激励在政策层面上真正进入了成熟期。截止到目前,也只有部分上市公司选择了股权激励方式。

---

① 详见《开展加强上市公司治理专项活动有关事项的通知(证监公司字【2007】28号)》(2007年3月9日)。

5.2 高管隐性激励契约的内涵、构成及特征

5.2.1 隐性激励契约的内涵

隐性激励契约目前仍未有十分明确的界定。但在国内外学者的研究中已经有所涉及。詹森与墨菲（Jenson and Murphy, 1990）指出，高管激励通常采用以下三种不同的形式：一是现金激励，如薪水、奖金等；二是股权或股票期权；三是非货币激励，如权力、威望、公众形象等方面的收益[①]。

张维迎（2005）指出，在现实中，激励可能来自于隐性激励机制，又称为"信誉机制"。它是行为主体基于维持长期合作关系的考虑而放弃眼前利益的行为，对"偷懒"的惩罚不是来自合同规定或法律制裁，而是未来合作机会的中断。假定一个经理人关注自己未来的职业生涯，想在股东面前获得一个好的声望，那么，即使拿的是固定工资，他也会加倍努力。因为只要他有良好的声誉，在劳动力市场上就会有更多的人想聘请他，这样他的身价就提升了，此时现有的股东要留住他，就要支付更高的工资。这就是一种隐性激励[②]。所以说，他认为隐性激励主要是指声誉带来的激励。

黄群慧（2000）指出，授予高管控制权同样也是一种隐性激励机制。它是一种通过决定是否授予特定控制权以及选择对授权的制约程度来激励约束企业家行为的制度安排。从本质上看，企业家控制权激励机制是一种动态调整企业家控制权的决策机制，决策的内容包括是否授予控制权、授予谁和授权后如何制约等，决策的结果在很大程度影响着企

[①] Jensen M. C. and MurPhy K. J. CEO incentives – It's not how much you pay, but how. Harvard Business Review, 1990, 68 (3): 138 – 149.

[②] 张维迎：《产权、激励与公司治理》，经济科学出版社 2005 年版。

业家的产生、努力程度和行为①。

综上所述，隐性激励机制是相对于显性激励机制而言的，本书将其内涵界定为：不具有明确的契约条款及时限规定，并且激励标准不能够被准确测量的高管激励契约方式的总称。一般包括控制权激励与声誉激励两类主要方式。

5.2.2 控制权激励的特征及作用机理

公司将特定控制权通过契约授权给公司代理人。这种特定控制权一般是指经营控制权，只有高层经理人员拥有，包括日常的生产、销售、雇佣等权力。本书认为，控制权激励是一种通过决定是否授予特定控制权（法律意义的经理代理权）以及选择对授权的制约程度来激励约束高管行为的制度安排。

1. 控制权激励的特征

迄今为止，有关控制权激励效应的研究仍未取得一致的结论。究竟授予高管控制权是解决委托代理问题的有效手段？还是导致委托代理问题的重要来源？这需要从控制权激励的本质出发，对其激励机理进行深入剖析。一般而言，企业的收益可以分解为控制权收益和货币收益，学者们由此对企业的权利安排进行了深入的研究。他们提出，货币收益是货币形态的收益，容易量化，而控制权收益是控制者通过对控制权的行使而占有的难以量化的全部价值之和，这些收益一般为拥有控制权的企业家或高管人员所直接占有，如特殊权力带来的满足感、可享受到有形或无形的在职消费（Perk）等②。本书认为，将控制权授予高管，同样

---

① 黄慧群：《控制权作为企业家的激励约束因素：理论分析及现实解释意义》，载《经济研究》2000年第1期，第41~47页。
② 陈冬华等（2010）定义下的在职消费满足以下特征：(1) 与高管的工作和职位相关；(2) 能够提升高管的效用；(3) 对公司价值提升并无此消彼长的直接联系；(4) 发生的数量、目的、时点更为弹性，而且不受制于明示的契约；(5) 体现了高管个人的主观意愿、兴趣与社会资本。

可以作为一种激励机制,其本质是把特定控制权授予与否、授予后控制权的制约程度作为高管努力程度和贡献大小的相应回报。

经营控制权对高层管理者的激励作用通常表现为两种形式,一种是可以货币化的激励,如拥有职位特权所带来的消费以及办公室、合意雇员、公务观光等非货币物品,也是通常所说的在职消费。在职消费,也称职务消费,是企业管理层在行使职权、履行过程中所发生的应有企业支出的货币消费以及由此派生的其他消费[1]。在职消费是因职务和工作需要而引发的消费,在各国都普遍存在。如美国公司经理的职位消费数目繁多,大致分为三种类型:第一种是在企业内部为经理提供舒适的工作环境,如豪华办公室、经理餐厅、专用停车场等;第二种是在企业外部为经理的工作提供良好的服务,如代缴俱乐部或协会会员费,报销公费旅游费用等;第三种是金融咨询、低息贷款、税收补助、免费修缮个人住宅、有权使用企业财产等。这些费用一般计入经营成本,属于税前分享部分,与经理人贡献无关。在英国、德国和日本的公司,90%以上的经理使用公司专车;欧洲国家的许多公司都有为经理及其家属支付度假费用。

在职消费有以下共同特征:(1) 与高管的工作和职位相关;(2) 能够提升高管的效用;(3) 对公司价值提升并无此消彼长的直接联系;(4) 发生的数量、目的、时点更为弹性,而且不受制于明示的契约;(5) 体现了高管个人的主管意愿、兴趣与社会资本[2]。这种费用是高管处理公司事务所进行的合法支出,高管有权力在一定范围内支配这些费用,以满足自身效率。因此,在职消费是控制权激励的主要表现形式。另一种是难以货币化的但却能够带来精神激励效应的形式,隐性程度更高,但可以满足代理人精神方面的需要,一是在一定程度上满足了企业家施展其才能、体现其"企业家精神"的自我实现的需要;二是满足控制他人或感觉优越于他人、感觉自己处于负责地位的

---

[1] 高明华等:《中国上市公司高管薪酬指数报告(2011)》,经济科学出版社2011年版。
[2] 陈冬华、陈信元、万华林:《国有企业中的薪酬管制与在职消费》,载《经济研究》2005年第2期,第92~101页。

权力需要①。

2. 作用机理

根据控制权激励的本质与特性，控制权激励与公司价值的提升可能并不具有紧密的关联性，但这种权力是与公司的持续存在相关联的。因此，控制权激励的作用机理是通过授予高管某些特定的控制权，使其将公司的持续成长作为核心关注点。由于控制权激励的本质是把特定控制权授予与否、授予后控制权的制约程度作为高管努力程度和贡献大小的相应回报，因此，控制权激励的有效性取决于高管对公司做出的贡献与他所得的特定控制权之间的对称性。这便决定了控制权激励在本质上具有双重性。

（1）控制权激励的积极作用：解决代理问题的手段。现代公司经营权与控制权的分离导致了代理问题的出现，高管激励机制是解决代理问题的重要手段。除了常见的薪酬激励、股权激励等显性激励之外，控制权激励是一种被普遍采用的隐性激励机制。公司将特定的控制权通过契约或其他方式授权给公司代理人，一般而言，这种特定控制权只有高级管理人员拥有，包括日常的生产、销售、聘用以及享受在职消费等权力。由于这些特定权力的稀缺性与价值性，拥有它们是高管这一特殊地位所能带来的隐性辐射，也是对高管贡献的一种无形肯定，从而会对高管产生内在的激励作用。周其仁（1997）提出，控制权存在"控制权回报"，而"控制权回报"意味着以"继续工作权"或"更大的继续工作权"作为对经营者"努力工作"的回报，这种回报能够激发高管人员对于工作本身的热情与满足感。根据赫斯伯格的双因素理论，这种与工作本身相关的因素才能真正起到激励作用。相比而言，薪酬激励等是与工作条件相关的，仅仅是一种保健因素。此外，由激励相容性原理可知，一种有效的激励契约，要求经营者在追求个人利益的同时，其行为所取得的客观效果应该同时实现机制设计者的目标，即实现委托人所要

---

① 周其仁：《"控制权回报"和"企业家控制的企业"——"公有制经济"中企业家人力资本产权的案例研究》，载《经济研究》1997年第5期，第31~42页。

达到的目的。因此，对于那些通过控制权的增加而获得自我价值实现和成就需要的经营者来说，控制权激励具有显著的积极作用，并且这种激励机制可在不增加其他支付的前提下提高公司绩效。

（2）控制权激励的消极作用：代理问题的重要来源。根据管理层权力理论（Bebchuk et al., 2003），由于管理层寻租效应的存在，在代理人拥有较大权力的情况下，如同薪酬、股权等其他激励契约一样，控制权激励并不能有效解决代理问题，反而成为代理问题的一部分。如前文所述，控制权激励的有效性取决于高管所做出的贡献与他所得的控制权之间的对称性。如果高管对于公司的贡献大于其所获得的控制权，那么控制权的激励效果将不能得到较好的体现，这种状态一般被称为"激励不足（Underpayment）"。但如果高管获得的控制权大于其对公司所做的贡献，即"激励过度（Overpayment）"，控制权激励的消极性便会凸显出来，此时将产生更为严重的后果。在此情境下，高管获得了超过其贡献的控制权，就更加有能力影响他们激励契约制定的过程及结果从而达成具有福利性质的激励契约，同时他们也更有能力采取寻租行为，并且能够及时采取措施掩盖这些行为，从而严重损害委托人及其他利益相关者的利益。加之制度环境的外部约束与部分公司的内部监督机制尚未完善，拥有过剩权力的高管也许会放弃通过提高经营业绩而获得报酬的合理途径，反而利用其所拥有的权力采用一些机会主义手段来大肆攫取高额报酬。此时，控制权激励便成为代理问题的重要来源。

5.2.3　声誉激励的特征及作用机理

声誉激励属于精神激励与隐性激励的范畴。公司代理人一般较为重视自身长期职业生涯的声誉或荣誉，一方面这种声誉能够为高层管理者带来社会赞誉及地位，满足成就需要；另一方面良好的声誉意味着未来更加丰厚的货币收入。经理人意识到声誉对于他们的各种好处，并为了维护其长期建立起来的声誉，便会增强技能、改善态度、努力工作，减少机会主义行为，这是声誉激励发挥作用的原理。但其发挥作用的基础与条件较为严格。

1. 声誉激励的特征

在现有声誉研究文献之中,最初来自于经济学领域。克雷普斯(Kreps,1982)指出,声誉能够增加承诺的力度,而这形成了该理论的基石[1]。他认为,企业的出现实质上是为了在不完全契约条件下建立声誉,以达到减少市场交易费用的目的,而并非通过权威的方式将交易内部化。这一标准的声誉理论从数学逻辑上证明了建立声誉的动机,通过声誉来解释企业存在的原因,从而发展了一种较为独特的企业形成理论,为声誉机制的存在找到了经济学意义,同时也为声誉的进一步研究奠定了基础(缪荣、茅宁,2007)[2]。

(1)具有非正式规则的特征。制度经济学为声誉研究中的制度问题做出了诠释,新制度经济学的代表人物诺斯认为制度是由一系列正式规则与非正式规则构成,制度是二者的互动网络。正式规则是人们有目的设计的一系列法律法令、政策法规、规章条例等。非正式规则是人们在社会活动和交往中自然演化形成的,包括风俗习惯、伦理道德、价值观念、意识形态等属于文化的规则与约束。非正式规则是一种伴随文化传统而来的行为规则,因而具有结构的稳定性,具有正式规则所无法替代的作用[3]。好的声誉来之不易,交易一方的声誉可被视为掌握在另一方手中的一种"抵押品"(Williamson,1985)[4]。

(2)内嵌入社会网络之中。声誉不仅来源于被评价组织自身的努力,而且有赖于相应外部评价方正确、有效的感知与评价,是一种存在于组织间的相对概念(Gray and Balmer,1998;Walker,2010)。声誉嵌入于社会网络中,特别是其利益相关者构成的网络关系之中。网络是

---

[1] Kreps, D. J. Roberts. Predation, Reputation and Entry Deterrence. Journal of Economic Theory, 1982, (27): 280-312.

[2] 缪荣、茅宁:《中国公司声誉测量指标构建的实证研究》,载《南开管理评论》2007年第4期,第91~96页。

[3] [美]道格拉斯·C. 诺斯:《制度、制度变迁与经济绩效》,上海人民出版社1994年版。

[4] Williamson, O. E. The Economic Institutions of Capitalism. New York: Free Press, 1985.

具有参与活动能力的行为主体，在主动或被动的参与活动过程中，通过资源的流动，在彼此之间形成各种正式或非正式关系，它包括三个基本的组成要素：行为主体、活动的发生和资源（Hakonsson，1987）[1]。网络组织成员合作的稳定性是建立在以市场交易为特征的结构嵌入的社会形态之上的，结构嵌入是指网络整体结构和布局，以及这种结构如何影响行为结果（卢福财，胡平波，2005）。人类经济嵌入并缠结于经济与非经济的制度之中（Polanyi，1957）[2]，经济行为嵌入于社会结构之中，而社会结构的核心就是人们社会生活中的社会网络。任何一个企业或个人总是在其所处的社会结构中开展各项财务活动，其经济行为乃是深刻地嵌入在社会网络关系中，必然要受到诸如网络、关系、信任、合作等非正式制度潜移默化的影响（Granovetter，1985）[3]。任何组织在各种商业互动中都具有一定的社会角色。

（3）具有较强的约束性。相对于其他激励契约，声誉激励有着较强的约束性。正如法马（Fama，1980）认为，在竞争较为充分的市场上，经理人的工作绩效是其努力和能力的信号，将会影响利益相关方对其的良好预期，从而进一步影响其职业生涯与取得更好的物质激励。通过声誉的激励作用，可以在一定程度上约束经理人的行为[4]。此外，有学者也提出，这种约束性主要来自于声誉惩罚（Reputational Penalties）所带来的社会控制功能（Social Control Function）。如贝德纳等（Bednar et al.，2015）研究了管理者为自身利益而选择有争议的治理实践时，他们所受到的声誉方面的惩罚。这些惩罚将减少受到质疑的行为从而发挥声誉的社会控制功能[5]。坎比尼等（Cambini et al.，

---

[1] Hakonsson H. Industrial Technological Development: A Network Approach. London 1987.
[2] Polanyi, K. The Economy as Instituted Process in the Sociology of Economic Life. Granovetter M, and R. Swedberg. Trade and Market in Early Empire Boulder, CO: Westview Press, 1957.
[3] Granovetter M. Economic Action and Social Structure: The Problem of Embeddedness. American Journal of Sociology, 1985, 91 (3): 481 – 510.
[4] Fama, E. F. Agency Problems and the Theory of the Firm. Journal of Political Economy, 1980 (88): 288 – 307.
[5] Bednar M. K., Love E. G., Kraatz M. Paying the price? The impact of controversial governance practices on managerial reputation. Academy of Management Journal, 2015, 58 (6): 1740 – 1760.

2015）也通过研究证实，声誉激励之所以能发挥作用，是因为一旦代理人做出违背契约的行为，将遭受明显的损失。代理人为了避免这种损失会制约自己的行为[1]。

2. 作用机理

声誉（包括个体声誉，组织声誉等）均可以作为组织的重要无形资产，是组织构建自身外部角色形象的行为结果（Highhouse, Brooks and Gregarus, 2009）[2]。高管声誉的来源是经理人市场乃至整个社会对高管个人的认同，而这种认同主要来自于高管所经营的企业所具有的长期价值。因此，声誉激励的作用机理是将对高管的个人认同与公司的长期价值相结合。

信息经济学的信号理论（Spence, 1973）指出，一方的竞争优势（如强项或能力）是其私人信息（Private Information），如果没有设计良好的信号（如教育水平、证书等）作为传递载体，别人可能不会知道或不会相信[3]。投资于企业社会责任是一种利益相关者更易接受的信息传递方式，通过这种差异化"信号策略"，企业可以有效地披露更多有利信息，建立一种关注社会责任的公司形象（Corporate Image）：这是一家关注社会发展问题的、很有实力的公司。当其他利益相关者也持有这一信念或判断时，企业就拥有了组织声誉（Organizational Reputation），从而获得了持续竞争优势的核心基础（石军伟等，2009）[4]。声誉既是企业信号传递的结果，也是利益相关者了解声誉拥有者内在品质的信号。

---

[1] Cambini C., Rondi L., De Masi S. Incentive Compensation in Energy Firms: Does Regulation Matter? Corporate Governance: An International Review, 2015, 23 (4): 378–395.

[2] Highhouse, S., Brooks, M. E., & Gregarus, G. An organization Impression Management Perspective on the formation of corporate reputation. Journal of Management, 2009, 35 (6), 1481–1493.

[3] Spence M. Job Market Signaling. Quarterly Journal of Economics, 1973, 87 (3): 355–374.

[4] 石军伟、胡立君、付海艳：《企业社会责任、社会资本与组织竞争优势：一个战略互动视角——基于中国转型期经验的实证研究》，载《中国工业经济》2009年第11期，第87~98页。

声誉激励发挥作用的基础是完善的经理人市场。在市场竞争中，经理人首先通过长期重复博弈建立起个人声誉，包括能力、经验、忠诚度等一系列信号得以显示，以减少"逆向选择"的信息不对称问题。其次，声誉激励发挥作用的过程是一个长期过程。保证经理人具有长远预期，是高管人员声誉机制形成和发挥作用的基础。只有经理人将长期从事经营管理工作，并且声誉的好坏会对其未来的职业生涯产生决定性影响的条件下，他们才会重视个人声誉。因此，公司经营者的任期过短问题将会导致他们行为的短期化，难以形成长期的声誉形成机制。最后，是要具备高效的声誉评价系统，并构建高管人员的声誉传播渠道。公司高管人员的声誉体现了其以往的业绩，也是对高管们拥有的创新能力、开拓能力和敬业精神等的一种证明。但声誉只有通过完备的渠道进行传播才能对高管们产生有效的激励，否则错误的声誉信息会导致激励机制的扭曲。解决这一问题的主要方法就是要求每一位高管建立起全面、真实、连续、公开的业绩档案记录、信用记录。证券监管部门可以为所有在职的高管建立一个公开的数据库，使得相关利益人可以自由地获取他们的个人信息和对公司决策的观点，对那些有"偷懒"行为的高管予以公布。因此，声誉系统效率的提高会引起声誉租金的大幅上涨，从而促进企业对声誉建设的重视程度。

5.3

单一高管激励契约对技术创新动态能力影响的实证检验

不同的高管激励契约具有各自的特性与作用机理，对于技术创新动态能力的影响也不同，亟须实证研究对其进行深入探究。因此，本节运用中国高科技上市公司的平衡面板数据，分别对薪酬激励、股权激励、控制权激励、声誉激励对技术创新动态能力的影响进行实证检验。

5.3.1 理论分析与研究假设

1. 薪酬激励对技术创新动态能力的影响

薪酬激励由基本薪酬与绩效薪酬构成。而决定绩效薪酬的主要因素大多是财务指标，如每股收益、利润、收入等。林等（Lin et al.，2011）运用世界银行发布的中国18个城市1088家民营制造业企业2000~2002年的调查数据，考察了高管激励对于企业技术创新活动的影响，结果发现：高管激励对企业技术创新投入（用研发支出来表示）和技术创新产出（用新产品销售额来表示）都具有显著的促进作用；但不同激励方式之间存在效应差异，把销售收入作为主要绩效考核指标的薪酬激励方案相对于以利润为主要考核指标的方案更加有利于企业创新。因此，以利润为主要考核指标的薪酬激励方案可能更会导致高管的短期行为。

与一般企业相比，高科技企业是以研发作为企业发展动力的，企业资产组合中的各项要素对企业价值驱动作用发生了显著变化，人力资本在企业发展和价值增长过程中的贡献上升，形成资本所有者法律控制权与企业价值驱动因素实际控制权分离。在此种情境下，作为公司重要的人力资本，高管成为推动高科技企业创新的主要力量。但在实践中，由于技术创新具有高投入、高风险、长周期等特征，致使以谋求自我利益最大化为目的的高层管理者多倾向于回避该项投资，经常会由于诸如"与机构投资者的短期交易行为、证券分析关注的短期焦点以及长期投资所能提供有关投资回报率的信息微乎其微"等因素而产生短视行为（Myopic Behavior）[①]。

因此，不论是与收入相关的指标，还是与利润相关的指标，都是对历史的记录，并且多是短期性的，因此如果仅仅采用薪酬激励，会使高

[①] Holden, C., and L. Lundstrum. Costly trading, managerial myopia and long-term investment. Journal of Empirical Finance, 2009, 16 (4): 126-135.

管对会计数据太过关注，从而导致其投资决策的短期行为[①]。所以说，薪酬激励的作用机理是将高管的当期收益与公司当期绩效挂钩，只能作为短期激励的工具。由于技术创新具有长期性、动态性与不确定性，所以薪酬激励对于技术创新动态能力的影响是有限的。因此，提出以下假设：

H5-1：单一高管薪酬激励契约与技术创新动态能力之间并不存在显著的直接关联性。

2. 股权激励对技术创新动态能力的影响

诸多国外学者的研究指出，股权激励等长期激励机制能够促进企业的技术创新投入（Hemmer，1999；Murphy，1999；Wu and Tu，2007）。玛丽安娜等（Marianna et al.，2006）采用美国12个技术密集型产业的206家公司1992~1995年的面板数据，验证了高管股权激励与可预期的创新行为之间具有显著相关性[②]。但陈（Chen，2010）指出，尽管国外研究大多支持以股权激励为基础的高管激励契约结构能够对公司的技术创新产生正向影响，但这些研究多基于欧美国家公司的数据，其结论并不适用于亚洲国家的公司[③]。国内学者张洪辉等（2010），李春涛、宋敏（2010）通过实证检验得出结论：高管股权激励能够促进企业进行创新。唐清泉等（2009）经研究发现，股权激励与企业的研发活动显著正相关，而高新技术企业的股权激励能对研发投入产生更大的影响[④]。

如前所述，国内外诸多研究均证实了股权激励的实施会对高科技公司的技术创新投入产生促进作用。但也有学者发现两者之间并不存在显

[①] 马永斌：《公司治理与股权激励》，清华大学出版社2010年版。

[②] Makri, Marianna, Lane, Peter J., and Gomez-Mejia, Luis R. CEO incentives, innovation, and performance in technology-intensive firms: A reconciliation outcome and behavior-based incentive schemes. Strategic Management Journal, 2006, 27 (11): 1057-1080.

[③] Chen Ming-yuan. Managerial compensation and R&D investments: the role of the external managerial labour market. Internaltional Review of Applied Economics, 2010, 24 (5): 553-572.

[④] 唐清泉、徐欣、曹媛：《股权激励、研发投入与企业可持续发展——来自中国上市公司的证据》，载《山西财经大学学报》2009年第8期，第77~84页。

著的相关关系（如陈昆玉，2010；Tien and Chen，2012）。本书认为，上述两种研究结论之所以大相径庭，在很大程度上是由于现有文献被高管激励与R&D投入之间相关性研究的传统线性思维的禁锢所致。而本书将进一步分析，两者并不是简单的线性关系，而是由股权激励双重效应所决定的非线性关系。

在股权激励效应的研究体系中存在两个假说：利益趋同假说和壕沟效应假说。前者认为，股权激励是解决委托代理问题的有效手段，高管持股比例的增加会降低委托人与代理人之间的代理成本。而后者却认为，授予高管股权激励会增强其抵制内外部监管压力的能力，从而强化高管的机会主义行为[1]。著名的"安然丑闻事件"便是股权激励壕沟效应在实践中的表现[2]。别布邱克等（Bebchuk et al.，2003）在实务界对股权激励质疑的浪潮中，提出管理层权力理论，认为由于管理层权力（Management Discretion）的存在，股权激励并不能有效解决委托代理问题，降低委托—代理成本，反而成为委托—代理问题的一部分[3]。默克（Morck，1988）建立在两种假设的基础之上，验证了高管股权激励对公司价值的区间效应[4]。此后，学者们相继发现高管股权激励水平与公司价值之间存在非线性关系（Short and Keasey，1999；Khanna，2005）[5]。本书认为，管理层权力的存在是股权激励双重效应产生的根本原因。适度的股权激励能够使管理层权力的使用以公司长期利益为导向，但过度的股权激励却使管理层权力激增，乃至被滥用，从而产生难以预期的负面效应。因此，股权激励力度是调节管理层权力的重要砝码，而由股权

---

[1] Fama, Eugene F., and Jensen, Michael C. Agency problems and residual claims. Journal of Law & Economics, 1983, 26 (2): 327–349.

[2] 2002年爆发"安然丑闻事件"以后，上市公司经营者与业绩明显脱钩的过高薪酬，特别是股票期权的滥用引发了广泛的质疑和争议，人们对于股权激励的崇拜逐渐趋于理性。

[3] Bebchuk, Lucian Arye, and Fried, Jesse. Executive compensation as an agency problem. Journal of Economic Perspectives, 2003, 17 (3): 71–92.

[4] Morck, R., Shlefier, A., and Vishney, R. W. Management ownership and market valuation: An empirical analysis. Journal of Financial Economics, 1988, 20 (1–2): 293–315.

[5] 徐宁、徐向艺：《上市公司股权激励效应研究脉络梳理与不同视角比较》，载《外国经济与管理》2010年第7期，第57~64页。

激励力度的变化所导致的管理层权力的变化同样影响着企业的技术创新投资。基于此，由股权激励双重效应所引起的非线性关系同样适用于股权激励对于技术创新的促进效应。但目前鲜有研究对两者的非线性关系进行深入探究。

适度的股权激励才能够对其 R&D 投入强度产生促进效应。当实施适当的股权激励时，高管层会更加倾向于考虑公司的长期利益，因而乐于增加创新投入；但当股权激励超过一定范围之后，管理层权力便会急剧增加，可能会导致严重的内部人控制，加之高管承担研发失败的风险加大，从而降低对技术创新等长期项目的投资。如本斯等（Bens et al.，2002）认为，授予高管大量的股权激励会导致他们行为更加短视，比如较少 R&D 投入等。这是因为 R&D 投入会减少股票期权行权时所带来的收益[①]。而目前中小板上市公司屡屡出现的高管套现问题也是高管层权力与自利行为的真实写照。因此，股权激励与技术创新动态能力之间存在非线性关系，从而提出以下假设：

H5-2：单一高管股权激励契约与技术创新动态能力之间存在倒"U"型关系，即股权激励力度存在极值，在经过此极值之前，股权激励对技术创新动态能力具有促进效应，但经过此极值后，股权激励对技术创新动态能力则产生抑制效应。

3. 控制权激励对技术创新动态能力的影响

控制权的本质是把特定控制权授予与否、授予后控制权的制约程度作为高管努力程度和贡献大小的相应回报。由于控制权激励的本质是把特定控制权授予与否、授予后控制权的制约程度作为高管努力程度和贡献大小的相应回报，因此，控制权激励的有效性取决于高管对公司做出的贡献与他所得的特定控制权之间的对称性。这便决定了控制权激励在本质上具有双重性。

（1）控制权激励对技术创新动态能力的促进效应。奥沙利文（O'

[①] Bens, D., V. Nagar, and M. Wong. Real investment implications of employee stock option exercises. Journal of Accounting Research. 2002, 40 (2): 359-393.

Sullivan，2000）以创新经济学为基础提出组织控制理论，该理论从创新过程的特点出发，得出推动企业创新的公司治理机制必须体现财务支持、组织整合和内部人控制，通过组织控制而不只是市场控制，将企业的重要资金和知识资源配置到创新过程中去。其中，内部人控制，也即战略控制，是指企业的实际控制者必须对技术创新有足够的热情，并且拥有足够的知识和技能推动企业创新的开展。因此，高层管理者作为上市公司战略决策的主体，其动机与行为将对上市公司的技术创新动态能力产生重要影响。王昌林、蒲勇健（2005）通过理论模型构建与分析证实，让高管享有控制权有利于抑制技术创新中的机会主义行为。因此，从该理论出发，控制权激励作为重要的隐性激励机制，由于其本身所具有的内在激励与激励相容等积极效应，对上市公司的技术创新将会产生一定的促进效应，与技术创新动态能力也将呈现出显著的正向关系。

（2）控制权激励对技术创新动态能力的抑制效应。也有学者指出，控制权激励对技术创新并不会起到促进作用，反而会产生明显的抑制。正如方（Fong，2010）的研究结论那样，在高技术密集型行业内 CEO 激励过度会降低企业的 R&D 投入，而在经理人控制的企业中，CEO 激励过度对 R&D 投入的负面影响更大。一般而言，控制权激励有两种表现形式，一类是可以货币化的在职消费，另一类是满足心理需求难以货币化的收益，因此，通常采用"在职消费"额度来对高管的控制权激励进行测度。而在高管薪酬结构中，在职消费是以高管人员"在其位"为前提的，与企业绩效并不直接相关（黄再胜，2012）。诸如"在职消费"这些具有固定收益特征的薪酬成分比例越高，高管获得的报酬与风险之间的不对称性越大，他们就越倾向于安于现状，甚至热衷于巩固自己目前的"地位"，而不去积极寻找与实施有利于企业价值创造的技术创新或其他长期投资（Sunderan and Yermack，2007；Devers et al.，2008）。此外，由于技术创新投资的高度风险性，一旦该项投资失败，高管面临被解职的风险就会大大增加。因此，为了能够保留住现有职位所带来的权力，高管也可能倾向于追求短期利润，而非以技术创新为支撑的长远目标。综合上述观点,控制权激励对于技术创新动态能力会产生一定程度的抑制效应。

(3) 控制权激励与技术创新动态能力的非线性关系:从促进到抑制。那么,究竟控制权激励对于技术创新动态能力的影响作用是以促进效应为主,还是以抑制效应为主?本书认为,基于控制权激励的本质与双重性,控制权激励与技术创新动态能力之间应该存在显著的曲线关系,即随着控制权激励力度的变化,它对技术创新动态能力的影响效应会经历从促进到抑制的演化过程。控制权激励的有效性取决于高管对公司的贡献与他所获得的控制权之间的对称性,两者越对称,高管行为就越趋向于谨慎。当高管所做出的贡献小于他所获得的控制权时,即在处于激励不足状态的情况下,随着控制权激励力度的增加,控制权对于高管的激励效应将逐步增强,同时对于技术创新的支持力度便会增加,公司的技术创新动态能力也会随之得到提升;当控制权激励力度达到了一定程度,高管获得的控制权与他所做出的贡献大致相等,付出与回报达到平衡,而此时控制权激励对于技术创新动态能力的正向效应也达到最大值;但超过此极值之后,随着高管拥有的控制权的增加,高管所做的贡献与所拥有权力之间的非对称性将继续加剧,此时,控制权激励的消极作用开始逐步显现,继而导致控制权激励对技术创新动态能力也开始呈现出抑制效应。由此可知,基于控制权激励的双重性,控制权激励与技术创新动态能力之间并不存在显著的线性关系,而应是倒"U"型的非线性关系。因此,提出以下假设:

H5-3:单一高管控制权激励契约与技术创新动态能力之间存在倒"U"型关系,即控制权激励力度存在极值,在经过此极值之前,控制权激励对技术创新动态能力具有促进效应,但经过此极值后,控制权激励对技术创新动态能力则产生抑制效应。

4. 声誉激励对技术创新动态能力的影响

企业高管人力资本的物质资本属性决定了需要为企业高管的人力资本支付报酬,同时,高管人力资本的产权属性决定了只有激励才能使高管充分的运用其人力资本,实现高管(代理人)与所有者(委托人)的目标一致性。企业高管通过其人力资本运营企业生产要素,从而创造企业经营业绩。高管成功的经营行为和优良的经营业绩为其赢得了声誉,高管声誉也因此成为高管人力资本的载体和信号,对高管长期收益起到了保障作用,产生了对高管的激励作用。

声誉作为人力资本的载体,其价值在于增加高管"优秀能力""高努力""高业绩回报"承诺的可信度,使高管克服道德风险,避免陷入无效的低水平努力均衡。具备好声誉的高管才能保障未来被雇佣、取得更高的报酬、建立并运用更好的关系网络。高管声誉系统也是一种信号甄别和信号搜寻机制,它能够甄别出高能力、高努力、高业绩水平的高管并提升它们的市场价值。

因此,高管声誉可以作为高管的重要资产,是组织构建自身外部角色形象的行为结果(Highhouse,Brooks and Gregarus,2009)[①]。高管声誉的来源是经理人市场乃至整个社会对高管个人的认同,而这种认同主要来自于高管所经营的企业所具有的长期价值。因此,声誉激励的作用机理是将对高管的个人认同与公司的长期价值相结合。毋庸置疑的是,这种长期价值与技术创新有着非常重要的关系。然而,高管声誉激励是一种不具有明确契约条款的隐性激励方式,因为高管人力资本的市场价值是在市场交易过程中体现出来的,在竞争的市场环境下,高管与整个市场间进行的是一个重复博弈,这决定了声誉激励及其作用的不稳定性。因此,声誉激励对技术创新的影响需要其他激励机制的共同作用才能够表现出来,单一声誉激励并不能对技术创新动态能力产生显著的促进效应,继而提出以下假设:

H5-4:单一高管声誉激励契约与技术创新动态能力之间并不存在显著的直接关联性。

---

① Highhouse, S., Brooks, M. E., & Gregarus, G. An organization Impression Management Perspective on the formation of corporate reputation. Journal of Management, 2009, 35 (6), 1481 – 1493.

5.3.2 样本选择与研究设计

1. 样本选取与数据来源

鉴于技术创新能力对于高科技上市公司的重要性以及高科技上市公司创新实践的典型性，本书选择高科技上市公司作为研究样本。根据证监会2001年颁布的《上市公司行业分类指引》及其他学者的研究，王华、黄之骏（2006）确定医药生物制品业（C8）、化学原料及化学制品制造业（C43）、化学纤维制造业（C47）、电子业（C5）、仪器仪表及文化和办公用机械制造业（C78）、信息技术业（G）。等行业的企业为高科技企业。

本书引用上述学者对高科技企业的界定，对ST类公司、被停止上市的公司以及部分数据缺失的样本进行剔除之后，每年度分别得到102家上市公司，选择2007~2012年①为研究区间。实证检验所使用的财务数据、公司治理数据等均来自于国泰安中国股票市场研究数据库（CSMAR数据库）。技术人员数据由笔者通过手工整理公司年报披露的员工构成情况获得。专利数据来自于中国知识产权网专利信息服务平台，通过购买与手工查询获得。

2. 变量的定义与测度

（1）被解释变量的选取。本书选择第4章中通过实证研究构建的技术创新动态能力（TIDC）及其三个子维度（技术创新投入能力，技术创新产出能力与技术创新转化能力）作为被解释变量，从而对技术创新的动态性进行阐释，克服了以往研究的局限性。采用计算因子加权总分的方法，以三个因子的方差贡献率作为权数，得到"技术创新动态能力"综合指标。

---

① 2007年是新会计准则正式实施的第一年，准则要求上市公司应当在年报中详细披露公司的研发投入等技术创新情况，为上市公司技术创新研究提供了更为准确的数据支持。

（2）解释变量的选取。本书分别选择薪酬激励、股权激励、控制权激励、声誉激励作为解释变量。

- 薪酬激励（MI）。沿用诸多学者在研究文献中对高管激励的测量，本书选取公司前三位高管薪酬之和的自然对数作为薪酬激励的操作变量。

- 股权激励（EI）。根据已有文献的研究设计，本书选取高管持股数量与总股份的比值来表示股权激励。

- 控制权激励（CI）。高管拥有控制权，就能够享受到诸多在职消费，因此，控制权激励一般用"在职消费（Perk）"来量化。在职消费的具体内容包括：办公费、差旅费、业务招待费、通讯费、出国培训费、董事会费、小车费和会议费等，这些费用是高管人员处理公司日常事务合法且必要的支出，高管人员有权力一定范围内支配这些费用，满足自身效用（陈冬华等，2010）。因此，本书选取上市公司年报中披露的该八项费用之和与公司主营业务收入之比作为控制权激励的操作变量，具体数据通过查阅上市公司年报附注中"支付的其他与经营活动有关的现金流量"项目收集。

- 声誉激励（RI）。目前对于声誉激励的测量仍然没有统一的标准。笔者通过对海信电器、东阿阿胶以及鲁西化工等公司的部分高管进行访谈[①]，并对访谈内容进行了总结与分析。这些高管普遍认为，获得的奖励或荣誉（如劳动模范、五一劳动奖章、优秀企业家等称号），政协委员、人大代表等政治兼职，以及行业协会主要负责人等兼职能够给他们带来声誉方面的激励。因此，笔者通过对样本公司披露的高管履历进行分析，把每家公司中具有地市级以上（包括地市级）获得社会荣誉，或者兼任地市级以上（包括地市级）人大代表、政协委员等，或者兼任地市级以上（包括地市级）行业协会主要负

---

① 本书选择的公司分属化工、生物医药、家电、市政公用企业、外贸、传媒、家电、电子信息、电子商务、矿产资源10个行业。国有企业高管7名，民营企业高管3名。上市公司4家，非上市公司6家。在10位高管中，总经理9名，副总经理1名，9名总经理中，同时兼任集团公司副总经理的3名。

责人(以上三者仅满足其一即可)的高管进行统计。继而采用符合上述条件的高管人数占全部高管人数的比例对公司的声誉激励水平进行测量。

(3) 控制变量的选取。根据以往研究文献,本书将对公司技术创新能力具有重要影响的公司治理因素与公司特征因素作为控制变量。公司治理因素具体包括终极产权性质(OW)、股权集中度(CR)、两职合一(PLU)、独立董事比例(IB),而公司特征因素包括公司规模(Size)、成长性(Grow)、资产负债率(LEV),盈利能力(ROE)。全部变量的定义与计算方式请见表5-2。

表5-2　　　　　　　　变量的定义与测度

被解释变量		
变量名称	符号	变量定义与计算方式
技术创新投入能力	TII	采用第4章实证研究后计算出的"技术创新投入因子"
技术创新产出能力	TIO	采用第4章实证研究后计算出的"技术创新产出因子"
技术创新转化能力	TIT	采用第4章实证研究后计算出的"技术创新转化因子"
技术创新动态能力	TIDC	采用计算因子加权总分的方法,以三个因子的方差贡献率作为权数,得到"技术创新动态能力"综合指标
解释变量		
变量名称	符号	变量定义与计算方式
薪酬激励	MI	公司前三位高管薪酬之和的自然对数
股权激励	EI	公司年末高管持股数量与总股份的比值(公司高管为公司正、副总经理、财务总监、董事长秘书及公司章程规定的其他人员)
控制权激励	CI	公司年末披露的办公费、差旅费、业务招待费、通讯费、出国培训费、董事会费、小车费和会议费八项费用之和与主营业务收入之比
声誉激励	RI	获得地市级以上奖励、兼任地市级以上人大代表、政协委员等政治兼职或者兼任行业协会主要负责人(三者满足其一)的高管人数占全部高管总人数的比例

续表

<table>
<tr><td colspan="4" align="center">控制变量</td></tr>
<tr><td colspan="2">变量名称</td><td>符号</td><td>变量定义与计算方式</td></tr>
<tr><td rowspan="4">治理结构变量</td><td>股权集中度</td><td>CR</td><td>公司第一大股东持股比例</td></tr>
<tr><td>股权属性</td><td>OW</td><td>根据终极控制人是否具有国有性质，将上市公司分为国有控股上市公司，设为1，与非国有控股上市公司，设为0</td></tr>
<tr><td>两职合一情况</td><td>PLU</td><td>经营者与董事长或副董事长兼任，设为1，否则为0</td></tr>
<tr><td>独立董事监督</td><td>IB</td><td>公司年末独立董事占董事总数的比例</td></tr>
<tr><td rowspan="4">基本特征变量</td><td>公司规模</td><td>Size</td><td>公司期末总资产的自然对数</td></tr>
<tr><td>成长性</td><td>Grow</td><td>总资产增长率=(期末总资产－期初总资产)/期初总资产</td></tr>
<tr><td>财务杠杆</td><td>LEV</td><td>公司年末披露的资产负债表中负债总额与资产总额的比值</td></tr>
<tr><td>盈利能力</td><td>ROE</td><td>公司年末扣除非经常性损益后的净资产收益率</td></tr>
</table>

资料来源：作者根据相关文字内容整理。

3. 研究方法与研究模型

本书运用平衡面板数据，采用多元回归与 Hausman 检验对单一激励契约与技术创新投入之间的关系进行实证检验。与截面数据与时间序列数据分析相比，面板数据可以减少解释变量之间的共线性，克服前两者较易出现的误差项序列相关性与异方差性等问题，也可以显著地减少缺省变量所带来的内生性问题，从而改进计量经济估计的有效性。因此，本书构建如下研究模型，并采用面板数据分析来对参数进行估计。

$$TII_{i,t} = \alpha + u_i + b_1 I_{i,t} + b_2 CR_{i,t} + b_3 OW_{i,t} + b_4 PLU_{i,t} + b_5 IB_{i,t}$$
$$+ b_6 Size_{i,t} + b_7 Grow_{i,t} + b_8 Lev_{i,t} + b_9 ROE_{i,t} + e_{i,t}$$

$$TIO_{i,t} = \alpha + u_i + b_1 I_{i,t} + b_2 CR_{i,t} + b_3 OW_{i,t} + b_4 PLU_{i,t} + b_5 IB_{i,t}$$
$$+ b_6 Size_{i,t} + b_7 Grow_{i,t} + b_8 Lev_{i,t} + b_9 ROE_{i,t} + e_{i,t}$$

$$TIT_{i,t} = \alpha + u_i + b_1 I_{i,t} + b_2 CR_{i,t} + b_3 OW_{i,t} + b_4 PLU_{i,t} + b_5 IB_{i,t}$$
$$+ b_6 Size_{i,t} + b_7 Grow_{i,t} + b_8 Lev_{i,t} + b_9 ROE_{i,t} + e_{i,t}$$

$$TIDC_{i,t} = \alpha + u_i + b_1 I_{i,t} + b_2 CR_{i,t} + b_3 OW_{i,t} + b_4 PLU_{i,t} + b_5 IB_{i,t}$$
$$+ b_6 Size_{i,t} + b_7 Grow_{i,t} + b_8 Lev_{i,t} + b_9 ROE_{i,t} + e_{i,t}$$

为检验高管激励契约与技术创新动态能力的非线性关系，在模型中加入控制权激励的平方项，如果控制权激励一次项的系数显著为正，而平方项的系数显著为负，则说明两者存在倒"U"型关系，假设得证。基本模型设计如下：

$$TII_{i,t} = \alpha + u_i + b_1 I_{i,t} + b_2 I_{i,t}^2 + b_3 CR_{i,t} + b_4 OW_{i,t} + b_5 PLU_{i,t} + b_6 IB_{i,t}$$
$$+ b_7 Size_{i,t} + b_8 Grow_{i,t} + b_9 Lev_{i,t} + b_{10} ROE_{i,t} + e_{i,t}$$

$$TIO_{i,t} = \alpha + u_i + b_1 I_{i,t} + b_2 I_{i,t}^2 + b_3 CR_{i,t} + b_4 OW_{i,t} + b_5 PLU_{i,t} + b_6 IB_{i,t}$$
$$+ b_7 Size_{i,t} + b_8 Grow_{i,t} + b_9 Lev_{i,t} + b_{10} ROE_{i,t} + e_{i,t}$$

$$TIT_{i,t} = \alpha + u_i + b_1 I_{i,t} + b_2 I_{i,t}^2 + b_3 CR_{i,t} + b_4 OW_{i,t} + b_5 PLU_{i,t} + b_6 IB_{i,t}$$
$$+ b_7 Size_{i,t} + b_8 Grow_{i,t} + b_9 Lev_{i,t} + b_{10} ROE_{i,t} + e_{i,t}$$

$$TIDC_{i,t} = \alpha + u_i + b_1 I_{i,t} + b_2 I_{i,t}^2 + b_3 CR_{i,t} + b_4 OW_{i,t} + b_5 PLU_{i,t} + b_6 IB_{i,t}$$
$$+ b_7 Size_{i,t} + b_8 Grow_{i,t} + b_9 Lev_{i,t} + b_{10} ROE_{i,t} + e_{i,t}$$

其中，$I_{i,t}$分别为薪酬激励、股权激励、控制权激励、声誉激励变量，$e_{i,t}$为回归残差，α表示截距项，$b_i(i=1,2,\cdots)$为模型回归系数，i表示横截面的个体，t表示时间，$e_{i,t}$表示随机干扰项。面板数据分析采用Stata10.0。

5.3.3 实证结果分析与讨论

1. 描述性统计

表5-3是对薪酬激励、股权激励、控制权激励与声誉激励等主要自变量进行的描述性统计。由此可知，2007~2010年高科技上市公司授予高管的股权激励与薪酬激励水平均呈现逐年递增的趋势。从高管薪酬激励强度的变化趋势来看，样本公司高管薪酬水平的均值四年来逐年增加。即使是当2008年受全球金融危机的影响多数公司净利润出现大幅下降的时候，高管薪酬水平仍然保持增长的趋势，这在一定程度上说

明高管薪酬与公司业绩之间的敏感度较低。在此情况下,薪酬激励难以对技术创新动态能力产生显著的促进效应。

表 5-3　　　　　　　　解释变量分年度描述性统计

变量		2007 年	2008 年	2009 年	2010 年
薪酬激励① (MI)	平均值	779613	924363	1008520	1204740
	最大值	2903000	3559000	3812000	5240000
	最小值	96000	117100	31600	32200
	标准差	543967	678468	770670	959100
股权激励 (EI)	平均值	0.024	0.051	0.061	0.101
	最大值	0.546	0.636	0.484	0.552
	最小值	0.000	0.000	0.000	0.000
	标准差	0.092	0.009	0.105	0.150
控制权激励 (CI)	平均值	0.095	0.109	0.123	0.120
	最大值	0.343	0.309	0.681	0.354
	最小值	0.015	0.023	0.026	0.022
	标准差	0.064	0.064	0.093	0.114
声誉激励 (RI)	平均值	0.062	0.072	0.080	0.077
	最大值	0.727	0.727	0.800	0.800
	最小值	0.000	0.000	0.000	0.000
	标准差	0.106	0.115	0.128	0.127

资料来源:作者根据相关实证分析数据整理。

从股权激励的变化趋势来看,自 2006 年股权激励制度正式推行以来,样本公司的股权激励水平在这四年中出现了翻倍增长的态势。股权分置改革之前,中国上市公司在股权激励的实践方面做了诸多探索,从经营层激励试点到管理层持股(MBO),均未取得预期成效。而自 2005 年开始的股权分置改革为中国资本市场的健康发展提供了良好平台,同

---

① 为了表述更加清晰,表 5-3 描述性统计中的薪酬激励未取自然对数。

时也为股权激励的实施扫清了制度层障碍，上市公司以此为契机开始了对股权激励的推进。从2006~2009年，中国股权激励在政策上走过了从试点到推广，再到成熟的发展历程。随着相关配套政策的不断完善和细化，上市公司股权激励实践风起云涌，尤其是医药制造业、电子元件（设备）制造业、通信及相关设备制造业等高科技行业中的上市公司更是异军突起，成为推行股权激励的主力军。由于股权激励推行与实施有一定的滞后期，因此，从2007~2010年的股权激励指标更能显示出高科技上市公司中股权激励的迅猛发展，股权激励水平的均值从2007年的0.024增长到2010年的0.101。

控制权激励水平的均值2007~2010年的变化一直较稳定，在0.1左右。但标准差逐渐增加，这说明各个公司之间控制权激励水平的差异越来越大。声誉激励水平的均值从2007~2009年一直呈现出递增的趋势，2010年出现了略微递减的趋势，分别为0.062、0.072、0.080与0.077，均低于0.1。因此，相对于其他激励，声誉激励水平相对较低。并且，声誉激励在不同公司之间的差距也较大，最大值能达到0.8，最小值为0。由此可知，有的公司大部分高管获得了一定的社会奖励或者认同，即声誉激励水平较高，但却也有公司没有一位高管获得社会奖励或者认同，即声誉激励水平较低。

2. Person 相关性检验

Person 相关性检验如表5-4所示。

根据表5-4中的Person相关性检验结果可知，各解释变量（薪酬激励、股权激励、控制权激励与声誉激励）及控制变量（股权集中度、股权属性、两职合一情况、独立董事比例、公司规模、成长性、财务杠杆、盈利能力），两两之间的相关系数均小于0.5，说明本章的研究模型不存在多重共线性（多重共线性的检验判断值为0.8）。继而进一步通过多元回归分析来对假设进行验证。

表 5-4　Person 相关性检验

	ei	mi	ci	ri	co	ow	plu	ib	size	lev	grow	roe
ei	1											
mi	0.2109 (0.0000)	1										
ci	0.006 (0.9034)	-0.0466 (0.3478)	1									
ri	0.0471 (0.3424)	0.1337 (0.0068)	-0.011 (0.825)	1								
co	-0.074 (0.1357)	-0.0886 (0.0739)	-0.1994 (0.0001)	0.0183 (0.7121)	1							
ow	-0.1861 (0.0002)	-0.1178 (0.0173)	0.0628 (0.2056)	0.1132 (0.0222)	0.0245 (0.6222)	1						
plu	0.0875 (0.0775)	0.0337 (0.4969)	-0.0104 (0.8349)	0.0217 (0.6623)	0.0495 (0.3185)	-0.1241 (0.0121)	1					
ib	0.024 (0.6286)	-0.0818 (0.099)	0.0665 (0.1801)	-0.143 (0.0038)	0.1967 (0.0001)	0.096 (0.0528)	0.0026 (0.9577)	1				
size	0.0695 (0.1614)	0.3321 (0.0000)	-0.3238 (0.0000)	0.0734 (0.1387)	0.0715 (0.1496)	-0.0591 (0.2334)	0.0277 (0.5771)	-0.0565 (0.2548)	1			
lev	-0.1114 (0.0245)	-0.2153 (0.0000)	0.1885 (0.0001)	-0.2178 (0.0000)	-0.0428 (0.3891)	-0.0734 (0.1389)	0.0042 (0.9321)	0.2497 (0.0000)	-0.0832 (0.0933)	1		
grow	0.0016 (0.9743)	0.1336 (0.0069)	-0.209 (0.0000)	0.0566 (0.2542)	0.1158 (0.0192)	-0.1065 (0.0315)	0.118 (0.0171)	-0.0353 (0.4774)	0.2479 (0.0000)	-0.1923 (0.0001)	1	
roe	0.0957 (0.0534)	0.3437 (0.0000)	-0.1896 (0.0001)	0.2200 (0.0000)	0.075 (0.1307)	-0.0624 (0.2086)	0.0885 (0.074)	-0.161 (0.0011)	0.2722 (0.0000)	-0.4707 (0.0000)	0.4219 (0.0000)	1

资料来源：作者根据相关实证分析数据整理。

3. 面板数据分析结果

表 5-5 到表 5-8 分别列示了单一激励契约（包括薪酬激励、股权激励、控制权激励及声誉激励）对技术创新动态能力影响的实证检验结果。其中表 5-5 与表 5-8 是线性关系检验，表 5-6 与表 5-7 是非线性关系检验。

表 5-5　　薪酬激励与技术创新动态能力的线性关系检验

变量	Model Ⅰ 技术创新投入能力（TII）	Model Ⅱ 技术创新产出能力（TIO）	Model Ⅲ 技术创新转化能力（TIT）	Model Ⅳ 技术创新动态能力（TIDC）
薪酬激励（MI）	0.0058 (0.14)	0.1328 (1.84)	-0.1261** (-2.16)	0.0652 (1.24)
股权集中度（CR）	-0.2411 (-1.07)	-0.2675 (-0.76)	-0.4606 (-1.55)	-0.1413 (-0.90)
股权属性（OW）	0.0242 (0.42)	-0.1879 (-1.48)	-0.2976 (-0.97)	-0.0639 (-0.94)
两职合一情况（PLU）	0.1468* (1.84)	-0.2073 (-0.89)	-0.0795 (-0.73)	0.0456 (0.65)
独立董事比例（IB）	-0.4824 (-0.390)	1.7094* (1.68)	-0.4311 (-0.62)	-0.0159 (-0.03)
公司规模（Size）	0.1929** (2.51)	-0.0385 (-0.35)	0.1164 (1.22)	0.0669 (1.62)
成长性（Grow）	-0.1563* (-1.87)	0.0315 (0.28)	-0.0065 (-0.10)	-0.0036 (-0.07)
财务杠杆（LEV）	0.0194 (0.12)	-0.1905 (-0.65)	0.8670* (1.81)	0.0478 (0.50)
盈利能力（ROE）	-0.4910* (-1.94)	-0.2086 (-0.47)	-1.9916 (-1.60)	-0.6907* (-1.71)
R^2	0.0532	0.0285	0.1430	0.0345

续表

变量	Model Ⅰ 技术创新投入能力（TII）	Model Ⅱ 技术创新产出能力（TIO）	Model Ⅲ 技术创新转化能力（TIT）	Model Ⅳ 技术创新动态能力（TIDC）
F/Wald 检验	F = 1.68 P = 0.0923	F = 1.37 P = 0.2022	F = 1.68 P = 0.0923	Wald = 14.86 P = 0.1373
Hausman 检验	采用 FE (Prob = 0.0000)	采用 FE (Prob = 0.0000)	采用 FE (Prob = 0.0000)	采用 RE (chi2 < 0)

注：***、**、*分别表示1%、5%、10%的显著性水平，括号内为Z值；Hausman检验：P大于0.05则接受原假设，意味着模型为随机效应模型（RE）；否则拒绝原假设，采用固定效应模型（FE）；对 Hausman 设定检验无法判别的模型，采用随机效应模型（RE）；本表未报告常数项。

资料来源：作者根据相关实证分析数据整理。

（1）薪酬激励与技术创新动态能力的影响。如表5-5所示，第Ⅰ列到第Ⅳ列分别是以技术创新投入能力、产出能力、转化能力以及技术创新动态能力为因变量的多元回归结果。经过豪斯曼（Hausman）检验，第Ⅰ列到第Ⅲ列应选择固定效应模型（FE），而第Ⅳ列应选择随机效应模型（RE）。而根据F检验以及Wald检验可知，P均大于0.05，说明被解释变量与解释变量的线性关系在总体上并不显著。但从自变量系数的显著性来看，分别以技术创新转化能力作为被解释变量，薪酬激励的系数在0.05水平上具有显著性。由此可知，薪酬激励与技术创新转化能力之间具有显著的负相关关系，即薪酬激励能够对技术创新转化能力会产生一定的负向影响，但对技术创新动态能力的影响并不显著。因此，在高科技公司中单独采用薪酬激励难以对技术创新动态能力产生明显的促进效应，甚至会对技术创新转化能力产生一定的抑制效应。

（2）股权激励与技术创新动态能力的影响。如表5-6所示，由Hausman检验的结果可知，所有模型均应选用随机效应模型（RE）。根据第Ⅰ列的分析结果可知，以技术创新投入能力作为自变量，模型整体通过了Wald检验（Wald = 25.70，P = 0.0030），并且股权激励的一次项系数在0.05水平上显著为正,而股权激励的二次项系数在0.05水平上显著为负,即股权激励与技术创新投入能力之间具有显著的倒"U"型关系。因而可以推断,在高科技公司中,股权激励力度存在极值。经过该极值之后,随着高管股权激励力度的增加,高管权力可能会由此激增,使他们即使产生短视行为也不会对其带来太大的压力,而与此同时,高管的某些短视行为(如非公允的短期关联交易、财务数据造假等)所带来的收益也会增加。这种高管权力与短视行为收益的增加所引致的双重诱因可能会大大提高高管短视行为的动机与能力。在这种情境下,高管对于技术创新投入等长期投资的倾向性会大幅降低。因此,过度的高管股权激励会致使高科技公司的技术创新投入减少而非增加。所以,选择适宜的股权激励力度是其长期效应得以实现的前提,仅采用这一种方式也难以对技术创新动态能力产生良好的促进效应。

表 5-6　股权激励与技术创新动态能力的非线性关系检验

变量	Model Ⅰ 技术创新投入能力(TII)	Model Ⅱ 技术创新产出能力(TIO)	Model Ⅲ 技术创新转化能力(TIT)	Model Ⅳ 技术创新动态能力(TIDC)
股权激励 (EI)	2.2310** (2.34)	-0.5409 (-0.48)	-0.0803 (-0.12)	0.4754 (0.91)
股权激励平方项 (EI^2)	-5.0768** (-2.49)	1.7514 (0.76)	-0.5160 (-0.40)	-0.9531 (-0.89)
股权集中度 (CR)	-0.1902 (-0.72)	-0.2822 (-1.01)	-0.0082 (-0.03)	-0.1564 (-1.01)
股权属性 (OW)	0.0377 (0.50)	-0.1876*** (-2.57)	-0.0178 (-0.07)	-0.0650 (-0.94)
两职合一情况 (PLU)	0.1477* (1.77)	0.0213 (0.14)	0.0037 (0.03)	0.0461 (0.66)
独立董事比例 (IB)	-0.2287 (-0.28)	0.7633 (0.84)	-1.1111 (-1.62)	0.0314 (0.07)

续表

变量	Model Ⅰ 技术创新投入能力（TII）	Model Ⅱ 技术创新产出能力（TIO）	Model Ⅲ 技术创新转化能力（TIT）	Model Ⅳ 技术创新动态能力（TIDC）
公司规模 （Size）	0.0458 (0.88)	0.1999** (2.30)	0.0394 (0.60)	0.0793** (1.98)
成长性 （Grow）	-0.1023 (-1.33)	0.0328 (0.30)	0.0282 (0.41)	-0.0028 (-0.06)
财务杠杆 （LEV）	-0.2259 (-1.34)	0.0905 (0.53)	0.5175** (2.29)	0.0594 (0.59)
盈利能力 （ROE）	-0.1736 (-0.68)	-0.2477 (-0.86)	-2.5671 (-1.72)	-0.6259 (-1.56)
R^2	0.0562	0.1269	0.1231	0.0449
F/Wald 检验	Wald=25.70 P=0.0030	Wald=29.40 P=0.0020	Wald=14.34 P=0.2148	Wald=8.90 P=0.6315
Hausman 检验	采用 RE (Prob>0.05)	采用 RE (Chi2<0)	采用 RE (Prob>0.05)	采用 RE (Prob>0.05)

注：同表5-5。
资料来源：作者根据相关实证分析数据整理。

（3）控制权激励与技术创新动态能力的影响。表5-7列示了对面板数据模型进行回归分析的结果，四个模型依次以技术创新投入能力、技术创新产出能力、技术创新转化能力与技术创新动态能力为被解释变量。如表所示，在进行豪斯曼（Hausman）检验之后，所有模型均选择了随机效应模型（Random Effects Models，RE）。从每个模型的回归分析结果来看，模型Ⅰ的Wald检验值为21.950，P值为0.020，说明该模型整体有效。控制权激励一次项（CI）的系数在0.05水平上显著为正，而其平方项（CI²）的系数在0.05水平上显著，且为负值。这表明，控制权激励与技术创新投入能力之间的确存在倒"U"型关系。

表 5-7　　面板数据分析

变量	Model Ⅰ 技术创新投入能力（TII）	Model Ⅱ 技术创新产出能力（TIO）	Model Ⅲ 技术创新转化能力（TIT）	Model Ⅳ 技术创新动态能力（TIDC）
控制权激励（CI）	3.1512** (2.22)	2.6587** (2.47)	3.6903** (2.44)	2.9013*** (4.16)
控制权激励平方项（CI^2）	-2.6394** (-1.96)	-2.7641** (-2.16)	-6.1914*** (-3.42)	-3.3206*** (-4.38)
股权集中度（CR）	-0.1562 (-0.50)	-0.5099 (-1.57)	-0.0427 (-0.12)	-0.2136 (-1.24)
股权属性（OW）	-0.0061 (-0.07)	-0.0154 (-1.07)	-0.0866 (-0.55)	-0.0169 (-0.31)
两职合一情况（PLU）	0.1743* (1.95)	0.3787** (2.28)	0.0547 (0.50)	0.2040*** (2.85)
独立董事比例（IB）	-0.3010 (-0.34)	-0.8487 (-1.06)	-0.1154 (-0.14)	-0.4756 (-1.05)
公司规模（Size）	0.0828 (1.43)	0.4518*** (4.39)	-0.0202 (-0.29)	0.1841*** (4.19)
成长性（Grow）	-0.1227* (-1.95)	-0.1856** (-2.44)	-0.1043 (-1.10)	-0.1212*** (-3.40)
财务杠杆（LEV）	-0.2010 (-0.99)	0.6171** (2.20)	0.9667** (2.44)	0.3808*** (2.60)
盈利能力（ROE）	0.3952 (1.03)	0.2684 (0.62)	-2.5518* (-1.94)	-0.2692 (-0.74)
R^2	0.1151	0.1076	0.2814	0.1815
F/Wald 检验	Wald=21.95 P=0.020	Wald=60.67 P=0.000	Wald=37.53 P=0.000	Wald=77.11 P=0.000
Hausman 检验	采用 RE (chi2<0)	采用 RE (chi2<0)	采用 RE (P=0.208)	采用 RE (chi2<0)

注：同表 5-5。
资料来源：作者根据相关实证分析数据整理。

由模型Ⅱ可知，Wald 检验值为 60.670，P 值为 0.000，证明了模型的整体有效性，观察解释变量的系数会发现，控制权激励一次项系数显著为正，二次项显著为负，且均在 0.05% 的水平上显著，证明了控制权激励与技术创新产出能力之间的非线性关系。模型Ⅲ也具有整体有效性（Wald = 37.530，P = 0.000），而且由解释变量的系数可知，控制权激励一次项的系数在 0.05 显著性水平上显著为正，二次项的系数在 0.01% 的显著性水平上显著为负，由此可知，控制权激励与技术创新转化能力也存在倒"U"型的曲线关系。

由模型Ⅳ可知，Wald 检验值为 77.110，P 值接近 0.000，即模型整体有效。控制权激励一次项系数为正，且在 0.01% 水平上显著，二次项系数显著为负，也在 0.01% 水平上显著。这充分说明，控制权激励与技术创新动态能力之间具有更为显著的倒"U"型关系，假设 2 得到证实。同时，根据控制权激励一次项与平方项的系数可知，当控制权激励达到 43.68% 时，高科技公司的技术创新动态能力达到最大，而当控制权激励高于此值时，控制权激励力度越大，对于技术创新能力的抑制效应越明显。

由上述四个模型的分析结果可知，控制权激励与技术创新动态能力及其三个维度之间均存在倒"U"型关系，即控制权激励力度存在极值，在达到该极值之前，控制权激励对技术创新动态能力具有促进效应，但经过此极值后，随着控制权激励力度的增加，技术创新动态能力却呈递减趋势，即控制权激励对技术创新动态能力的影响作用从促进效应转化为抑制效应，假设 5-3 得到验证。由此可知，单一控制权激励也难以对技术创新动态能力产生持续的促进效应。

(4) 声誉激励与技术创新动态能力的影响。声誉激励与技术创新动态能力的线性关系的实证检验结果如表 5-8 所示。根据豪斯曼检验，四个模型均选择随机效应模型。但除第二个模型通过了 Wald 检验之外，其他模型均未通过。而且，声誉激励的系数也均不显著。该结果表明，声誉激励契约与技术创新动态能力之间不存在显著的直接关联性，即单一运用声誉激励契约难以对技术创新产生显著的促进效应。因此，假设 5-4 得到验证。

表5-8　　　声誉激励与技术创新动态能力的线性关系检验

变量	Model Ⅰ 技术创新投入能力（TII）	Model Ⅱ 技术创新产出能力（TIO）	Model Ⅲ 技术创新转化能力（TIT）	Model Ⅳ 技术创新动态能力（TIDC）
声誉激励 （RI）	1.0620 (1.41)	-0.0812 (-0.25)	0.3114 (0.60)	0.3856 (1.42)
股权集中度 （CR）	-0.2957 (-1.05)	-0.2511 (-0.84)	-0.0131 (-0.04)	-0.1824 (-1.13)
股权属性 （OW）	0.0074 (0.11)	-0.1870** (-2.51)	-0.0149 (-0.06)	-0.0769 (-1.10)
两职合一情况 （PLU）	0.1614* (1.89)	0.0175 (0.12)	0.0084 (0.07)	0.0477 (0.69)
独立董事比例 （IB）	-0.2829 (-0.32)	0.8292 (0.92)	-1.1430 (-1.62)	0.0645 (0.14)
公司规模 （Size）	0.0810 (1.50)	0.1948** (2.13)	0.0305 (0.48)	0.0853** (2.06)
成长性 （Grow）	-0.1384 (-1.97)	0.0378 (0.35)	0.0387 (0.53)	-0.0106 (-0.22)
财务杠杆 （LEV）	-0.1762 (-1.07)	0.0759 (0.45)	0.5446** (2.27)	0.0778 (0.79)
盈利能力 （ROE）	-0.1334 (-0.53)	-0.2491 (-0.86)	-2.5638* (-1.72)	-0.6173 (-1.58)
R^2	0.0343	0.0873	0.1195	0.0438
F/Wald 检验	Wald=14.52 P=0.1507	Wald=24.19 P=0.0071	Wald=10.18 P=0.4251	Wald=10.03 P=0.4378
Hausman 检验	采用 RE （Prob>0.5）	采用 RE （Chi<0）	采用 RE （Chi<0）	采用 RE （Prob>0.5）

注：同表5-5。
资料来源：作者根据相关实证分析数据整理。

本 章 小 结

本章首先运用理论演绎方法，对显性激励契约与隐性激励契约的内涵、特性及激励机制进行分析。根据相关理论与研究文献，笔者将显性激励界定为"具有明确的契约条款及时限规定，并且激励标准能够被准确测量的高管激励契约方式的总称"，一般主要包括现金薪酬激励（以年薪制为主）与股权激励两类方式。将隐性激励界定为"不具有明确的契约条款及时限规定，并且激励标准不能够被准确测量的高管激励契约方式的总称"，一般包括控制权激励与声誉激励两类主要方式。同时对这些激励契约的特征进行了系统阐释。

不同的高管激励契约具有各自的特征与作用机理，对于技术创新动态能力的影响也不同。因此，运用中国高科技上市公司的平衡面板数据，分别对薪酬激励、股权激励、控制权激励、声誉激励等单一激励契约对技术创新动态能力的影响进行实证检验。实证结果表明：第一，单一高管薪酬激励契约与技术创新动态能力之间并不具有显著的直接关联性，甚至对技术创新转化能力会产生一定的负向影响；第二，单一股权激励契约与技术创新投入能力之间具有显著的倒"U"型关系，但与技术创新动态能力及其他两个维度之间并不具有显著关联性；第三，单一控制权激励契约与技术创新动态能力及其三个维度之间均存在倒"U"型关系，即控制权激励力度存在极值，在达到该极值之前，控制权激励对技术创新动态能力具有促进效应，但经过此极值后，随着控制权激励力度的增加，技术创新动态能力却呈递减趋势，即控制权激励对技术创新动态能力的影响作用从促进效应转化为抑制效应；第四，单一声誉激励契约与技术创新动态能力之间不存在显著的直接关联性。上述实证结果均表明，单一运用任何一种高管激励契约，均难以对技术创新产生显著的促进效应，而多种激励契约的整合才真正能够对技术创新动态能力产生显著影响。下一章将对该问题进行更为深入的理论探讨与实证检验。

第 6 章

高管激励契约整合与技术创新动态能力构建

由前文所知,采用单一的高管激励契约并不能对技术创新动态能力以及三个维度产生明显的正向影响,而这些激励契约的整合才能对技术创新动态能力产生更好的作用。本章运用中国高科技上市公司面板数据,对高管薪酬激励、股权激励等显性激励契约,控制权激励、声誉激励等隐性激励契约对技术创新动态能力的整合效应进行实证检验。

6.1 高管激励契约机理比较与整合原理阐释

6.1.1 显性激励契约与隐性激励契约的比较

如前文所述,显性激励是指具有明确的契约条款及时限规定、激励标准能够被准确测量、并且激励作用在单次博弈过程中就能发挥出来的高管激励契约方式的总称,一般主要包括现金薪酬激励(简称"薪酬激励")与股权激励等方式。隐性激励是相对于显性激励而言的,是指不具有明确的契约条款及时限规定、激励标准不能够被准确测量、并且激励作用需要在多次博弈过程中才能发挥出来的高管激励契约方式的总称，一般包括控制权激励与声誉激励等方式。显性激励与隐性激励可以从条款与实现的明确性、激励标准的可测量性、激励作用发生的博弈频率三个维度进行比较，如表6-1所示。

表6-1　　　　高管显性激励契约与隐性激励契约的比较

高管激励契约类型	比较维度		
	条款与时限的明确性	激励标准的可测量性	激励作用发生的博弈频率
显性激励	具有明确的契约条款及时限规定	激励标准能够被准确地测量	单次博弈即能发挥激励作用
隐性激励	不具有明确的契约条款及时限规定	激励标准不能够被准确地测量	多次博弈才能发挥激励作用

资料来源：作者根据相关文字内容整理。

显性激励是建立在一个明示的业绩合同的基础上的，也即明确地把工资和效益挂钩，它得以实施的前提是当期的业绩必须能够被人们很准确地度量——虽然行为是难以观测的[①]。对于典型的显性激励而言，不论是薪酬激励，还是股权激励，企业都有具体的制度规范，也有依据制度规范同时根据生命周期、战略定位等情境因素变化而调整后的具体方案，具体方案中也有明确的契约条款及时限规定，同时激励标准也能够被准确地测量。例如，股票期权作为股权激励的一种重要方式，其实施计划十分明确，包括激励范围、授予条件、行权条件、行权价格、行权期限等契约要素都有明确规定，而激励对象在被授予股票期权时以及行权时所需要达到的条件也多是以可以衡量的绩效指标来确定的，这是可以被准确测量的。此外，显性激励能够在单次博弈过程结束后便能发挥作用，比如年薪制在年度经营周期之内，股票期权或限制性股票在激励有效期之内均能够实现其激励作用。

隐性激励则与显性激励的特征明显不同。它们并不具有明确的契

[①] 张维迎：《产权、激励与公司治理》，经济科学出版社2005年版。

约条款及时限规定。对于控制权激励、晋升激励及声誉激励等契约而言，在任何一个企业中应该均不存在一种明确的或者说成文的规定。隐性是相对于显性而言的，显性是可文件化与编码化的，隐性则是蕴涵在组织之中的、复杂的且难以清晰表达的。同时，隐性激励也没有规定明确的激励标准，其激励强度难以与某些客观条件建立起直接地关联关系。再者，隐性激励也没有特别明确的激励周期，需要经过多次地博弈才能发挥激励作用。例如声誉激励作用发挥的前提是经理人市场上声誉评价机制的有效性，而高管声誉的形成并不是一蹴而就的，而是一个多因素多阶段地形成过程。并且经过多次博弈形成的高管声誉也并不能够在一次博弈中就能实现其预期功能，这个过程同样是复杂且难以控制的。

6.1.2 不同激励契约方式的特征与作用机理比较

在国内外的企业实践中，薪酬激励与股权激励是主要的两种显性激励契约，控制权激励与声誉激励是主要的两种隐性激励契约。薪酬激励最为普遍的一种显性激励契约方式，是公司对高管的努力与贡献的基础性回报，主要用于回报高管现期或上年度对公司的贡献。年薪制是薪酬激励最为普遍的应用形式，多以年度为单位，也有些薪酬计划是每季度或每半年测量绩效一次并支付绩效薪酬。股权激励作为一种重要的长期激励机制，其初衷是通过授予管理层股权及其所赋予的经济权利，使其与公司共享利益、共担风险，促进管理层利益与公司利益相结合。相对于其他激励机制而言，股权激励具有的典型优势体现多个方面，如避免代理人短期化行为、激励与约束效应共存等。控制权激励是一种重要的隐性激励。一般而言，企业的收益可以分解为控制权收益和货币收益。货币收益是货币形态的收益，容易量化，而控制权收益是控制者通过对控制权的行使而占有的难以量化的全部价值之和，这些收益一般为拥有控制权的企业家或高管人员所直接占有，如特殊权力带来的满足感、可享受到有形或无形的在职消费等[①]。控制权激励是一种通过决定是否授予特定控制权以及选择对授权的制约程度来激励约束高管行为的制度安排，其本质是把特定控制权授予与否、授予后控制权的制约程度作为高管努力程度和贡献大小的相应回报[②]。声誉激励也属于隐性激励的范畴。公司高管一般较为重视自身长期职业生涯的声誉或荣誉，一方面这种声誉能够为高层管理者带来社会赞誉及地位，满足成就需要；另一方面良好的声誉意味着未来更加丰厚的货币收入。这些契约方式的激励作用能够发挥的重要前提是实现激励相容。因此，本文以激励相容性理论为基础，对上述契约方式的内涵、特征及作用机制进行比较，继而探寻出它们实现激励相容的不同路径。

1. 不同激励契约方式的特征比较

从不同激励契约方式的内涵与特征来看，激励周期、高管报酬的性质、高管报酬强度的决定因素、激励过程的明确性四个维度共同构成了对一种激励契约方式特征的描述。因此，本书将从上述维度出发，对不同激励契约方式的特性进行比较。

（1）激励周期的比较。薪酬激励以短期经营周期，尤其是以年度为激励周期。股权激励是以中长期经营周期为激励周期的，一般是指事先设定一个较长时期（通常为3~10年）的绩效目标，当高管实现了这些目标，就可以获得股权奖励。同时，股权激励契约也以激励对象的中长期阶段性工作业绩作为考核标准。而控制权激励发生作用的原理是通过授予高管特定的控制权使其获得收益，而这种控制权是与高管的职位密切相关的，高管在这个职位上就能够拥有或者行使这种权力，如果不在这个职位上那么就丧失了这种权力，这使得控制权激励的激励周期是与高管在本公司内的任期期限相一致的。相对于前三种激励契约方式，

[①] Harris, M. and Raviv, A. Corporate Governance: Voting Rights and Majority Rules. Journal of Financial Economics, 1988, 20.

[②] 徐宁、徐向艺：《控制权激励双重性与技术创新动态能力——基于高科技上市公司面板数据的实证分析》，载《中国工业经济》2012年第10期，第109~121页。

声誉激励的激励周期最长。薪酬激励是在年度考核与兑现之后结束，股权激励是在一个激励有效期内考核与兑现之后结束，控制权激励是在完成在本公司内的任期之后结束，但声誉激励发生作用的时间却是贯穿于高管的整个职业生涯。只有经理人将长期从事经营管理工作，在市场竞争中，通过长期重复博弈才能建立起个人声誉，包括能力、经验、忠诚度等一系列信号得以显示。

（2）报酬性质的比较。对于薪酬激励而言，高管获得的回报是现金薪酬，因此绝大部分为物质报酬。而股权奖励带给高管的收益是以物质报酬为主，但也有部分满足了他们通过获得公司股权所特有的经济权力以及满足尊重等心理需求而得到的非物质报酬。控制权激励是通过赋予高管控制权使其获得控制权收益，而这种收益是指控制者通过对控制权的行使而占有的难以量化的全部价值之和，如特殊权力带来的满足感、可享受到有形或无形的在职消费等。在职消费是控制权激励的主要表现形式，是高管处理公司事务所进行的合法支出，高管有权力在一定范围内支配这些费用。控制权激励的另一种表现形式是难以货币化的但却能够带来精神激励效应，并且隐性程度更高，一是在一定程度上满足了企业家施展其才能、体现其"企业家精神"的自我实现的需要，二是满足控制他人或感觉优越于他人、感觉自己处于负责地位的权力需求①。因此，高管通过控制权激励所获得的收益是物质报酬与非物质报酬兼顾。而对于声誉激励而言，则更多是给予高管尊重与自我实现等方面的精神报酬，当然也会通过带来社会资本等获得间接的物质报酬，但与其他契约方式相比，仍是以非物质报酬为主。

（3）报酬强度决定因素的比较。年度薪酬一般分为基本薪酬与风险薪酬，决定高管基本年薪的主要是公司规模与岗位等因素，而决定高管绩效年薪的主要因素大多是年度财务指标。因此，高管报酬在较大程度上取决于企业的短期财务绩效。股权激励契约以激励对象的中

---

① 周其仁：《"控制权回报"和"企业家控制的企业"——"公有制经济"中企业家人力资本产权的案例研究》，载《经济研究》1997 年第 5 期，第 31~42 页。

长期阶段性工作业绩作为考核标准。以股票期权为例，这些标准可以细化为授予条件与行权条件。如果达到了授予条件，那么就可以拥有被授予股票期权的资格，如果达到了行权条件，那么就可以对已经获得的股票期权进行行权。这些标准多是对于企业的中长期绩效的评价。同时，公司股价也是重要的标准，当公司股价达到预定目标时，激励对象可以获得公司股价上升所带来的收益。在资本市场有效的情况下，股价反映的是市场对于公司价值的认同。因此，高管报酬决定的主要因素是公司的中长期价值。在控制权激励运作过程中，高管报酬决定的主因是高管所在公司的长期存在，尤其是长期的良好经营状态，这样才能保证带给高管控制权收益的职位能够存在，而这种控制权收益才能够维持且不会减损。声誉是个人或组织构建自身外部角色形象的行为结果[①]。高管声誉体现了其以往的业绩，也是对高管们拥有的创新能力、开拓能力和敬业精神等的一种证明。高管只有通过长期重复博弈建立包括能力、经验、忠诚度等一系列信号显示，使经理人市场乃至整个社会对高管个人产生认同，才会形成声誉。而这种声誉的形成取决于高管所经营企业的持续成长状况。正如实践中那些经营基业常青公司的企业家们在创造了百年企业神话的同时，也为自己树立了良好的声誉。

(4) 过程明确性的比较。薪酬在计划与实施过程中有明确的规则与流程，不需要太多复杂的判断就可以依据有关标准确定业绩的高低及相对应的奖金数额。而由于财务指标可以较为直观、明确、具体地反映出管理层决策与工作勤勉的后果，可以让高管及时意识到他们的行为对年终利润率的影响。股权激励的计划与实施流程同样也是明确的，一般企业在实施之前对每一个要素都会明确规定，但由于还受到资本市场等外部因素的影响，相对于薪酬激励，其过程的明确性有所降低。控制权激励的作用过程相比显性激励而言，其模糊性程度大大

---

① Highhouse, S., Brooks, M. E., & Gregarus, G. An organization Impression Management Perspective on the formation of corporate reputation. Journal of Management, 2009, 35 (6), 1481 – 1493.

提高，没有具体明确的条款与时限条件，也没有明确的标准，是一种组织中的非正式规则。与前三个契约方式相比，声誉激励的作用过程就更加不明确了。声誉嵌入于社会网络中，特别是其利益相关者构成的网络关系之中。网络是具有参与活动能力的行为主体，在主动或被动的参与活动过程中，通过资源的流动，在彼此之间形成各种正式或非正式关系[1]。由此可知，声誉的形成过程，声誉激励的作用过程与反馈过程等均受到多种因素的影响，其明确性非常低。因此，过程的明确性从薪酬激励、股权激励、控制权激励与声誉激励的顺序依次递减。

2. 不同激励契约方式的作用机理比较：基于激励相容性观点

根据激励机制设计理论的观点，高管激励契约获得预期效应的前提是达到激励相容。维茨（Hurwiez，1978）在其创立的机制设计理论中提出了"激励相容"的核心概念，即在理性经济人及其自利动机的假设之下，倘若能够设计一种制度安排，使高管在追求个人利益的同时，正好与公司实现整体价值最大化的目标相匹配，便实现了激励相容[2]。这便意味着，高管行为的客观效果达到了机制设计者所预期实现的目标，从而取得委托人期望的结果，即实现委托人利益与代理人利益的趋同。不同激励契约方式实现激励相容的路径是具有差异的，这也构成了高管激励契约整合的基础。

（1）薪酬激励实现激励相容的路径：将高管当期报酬与公司的短期绩效相结合。通过对薪酬激励、股权激励、控制权激励以及声誉激励的作用机理进行系统分析与比较可知，薪酬激励可以通过将高管当期报酬与公司的短期绩效相结合来实现激励相容。公司的短期绩效越好，尤其是财务绩效指标越好，根据契约条款，高管所获得的报酬强度也就

---

[1] Håkansson H. Industrial technological development: A network approach. London: Croom Helm, 1987.

[2] Hurwicz, L. and D. Schmeidler. Construction of Outcome Functions Guaranteeing Existence and Pareto – Optimality of Nash Equilibria. Econometrica, 1978, (46): 1447 – 1474.

大。因此，由于年度财务指标是对历史的记录，并且多是短期性的，企业如果过度依赖薪酬激励，可能会导致高管对短期财务数据太过关注，从而导致其投资决策的短视。所以说，薪酬激励只能作为短期激励的工具，需要股权激励等中长期激励的配置与补充。

(2) 股权激励实现激励相容的路径：将高管中长期报酬与公司的中长期价值相结合。尽管同为显性激励，股权激励的特性与薪酬激励不同，它主要是通过将高管中长期的报酬与公司的中长期价值相结合来实现激励相容。不论是股票期权、限制性股票，还是股权激励的其他模式，契约规定的高管报酬并不是在当期就能实现的，需要经过一定的限制期间，而且要达到一定的激励条件（主要是对公司中长期价值的测量）才能获得相应的报酬。

(3) 控制权激励实现激励相容的路径：将高管的特定权力与公司的长期存在相结合。根据控制权激励的本质与特性，控制权激励与公司价值的提升可能并不具有紧密的关联性，但这种权力是与公司的持续存在相关联的。因此，控制权激励的激励相容性特征是通过授予高管某些特定的控制权，使其将公司的持续成长作为核心关注点。也就是说，高管拥有的这些特权是与他在该公司中的职位相联系的，公司能够长期存在，并且高管能够为公司的长期存在做出贡献，才能维持现有职位甚至晋升到更高的职位，因而高管为了获得这些特权，会对公司的长期存在做出一定的贡献，从而实现激励相容。

(4) 声誉激励实现激励相容的路径：将对高管个人的认同与公司的持续成长相结合。一家公司如果能够健康良好的持续成长，那么人们对于该公司的高管个人能力以及努力的累计正面评价就会越来越多，也即对高管个人的认同会随之增加，从而提升高管的声誉资产，达到对其进行激励的目的。因此，声誉激励能够通过将高管个人利益与公司持续的成长相结合来实现激励相容，是一种作用最为持久的激励契约。

各种不同激励契约方式的作用机制与实现路径比较如表 6-2 所示。

表 6-2　不同激励契约方式的作用机制与实现路径比较

典型契约	作用机制				实现激励相容性的路径
	激励周期	报酬性质	报酬强度决定因素	过程明确性	
薪酬激励	短期经营周期，以年度为主	绝大部分为物质报酬	公司短期绩效	非常明确	将高管当期报酬与公司的短期绩效相结合
股权激励	中长期经营周期	以物质报酬为主	公司中长期价值	比较明确	将高管中长期报酬与公司的中长期价值相结合
控制权激励	与高管在本公司内的任职期限相一致	物质报酬与非物质报酬兼顾	公司的长期存在	比较模糊	将高管的特定权力与公司的长期存在相结合
声誉激励	与高管的职业生涯相一致	以非物质报酬为主	公司的持续成长	非常模糊	将对高管个人的认同与公司的持续成长相结合

资料来源：作者根据相关文字内容整理。

6.1.3　高管激励整合模型构建与整合原理阐释

有学者指出，由于企业委托代理链条信息分布的非对称，单个治理契约的边际效用呈递减趋势，甚至会产生因过度使用而导致的负面作用，其实际达到的经济效率总是次优的（Sub-optimal），即存在代理成本造成的效率的损失[1][2]。最优的治理契约是不同治理契约的组合[3]。然而，公司治理机制之间究竟是存在替代效应，还是互补效应？针对这个问题学术界却在激烈的争论。学术界有替代效应假说（Rediker and

---

[1] Rediker K. J., Seth A. Boards of directors and substitution effects of alternative governance mechanisms. Strategic Management Journal, 1995, 16 (2): 85-99.

[2] 郑志刚:《投资者之间的利益冲突和公司治理机制的整合》，载《经济研究》2004 年第 2 期，第 115~125 页。

[3] Ward, A. J., Brown, J. A., Rodriguez D. Governance bundles, firm performance, and the substitutability and complementarity of governance mechanisms. Corporate Governance: An International Review, 2009, 17 (5): 646-660.

Seth，1995）与互补效应假说（Rutherford et al.，2007[①]；Hoskisson et al.，2009[②]）之争。前者认为不同治理机制之间有相关替代的关系，后者则认为不同治理机制之间存在互相促进、互为补充的关系。本书根据上述公司治理整合理论，提出了高管激励契约整合观点。通过对不同高管激励契约方式的作用机制与实现激励相容的路径进行分析，笔者认为，这些激励契约方式之间存在互补效应，而非替代效应。由激励相容性原理可知，一种有效的激励契约，要求经营者在追求个人利益的同时，其行为所取得的客观效果应该同时实现机制设计者的目标，即实现委托人所要达到的目的。而这些契约方式满足了不同的高管个人利益，同时也将这些不同的个人利益与公司整体利益的不同方面相结合。因此，本书根据上述契约方式实现激励相容的路径，构建了高管激励契约整合模型。

1. 高管激励契约整合模型构建

由以上分析可知，不同激励契约方式的作用机理与激励相容性特征也不同。而这些差异正是对它们进行整合的基础。因此，结合心理学中有关需要、动机、行为以及目标之间的关系的观点以及需要层次理论，构建高管激励契约整合模型，如图6-1所示。

根据马斯洛需要层次理论，内在动机与不同层次需要依次对应[③]，安全需要与生存需要对应的是物质保障动机，社交需要对应的是关系动机，尊重需要对应的是自主动机，自我实现需要对应的是认同动机。由需要、动机、行为与目标的关系可知，高管的需要使其产生动机，而这些动机又使之产生了行为，从而实现目标。而通过前面的分

[①] Rutherford, M. A., Buchholtz, A. B., & Brown, J. Examining the relationships between monitoring and incentives in corporate governance. Journal of Management Studies, 2007 (44): 414–430.

[②] Hoskisson R. E., Castleton M. W., Withers M. C. Complementarity in monitoring and bonding: more intense monitoring leads to higher executive compensation. Academy of Management Perspectives, 2009, 23 (2): 57–74.

[③] Maslow A. H., Frager R., Fadiman J. Motivation and personality. New York: Harper & Row, 1970.

析，我们可以得出薪酬激励、股权激励、控制权激励、声誉激励能够将高管的物质保障动机、关系动机、自主动机与认同动机与实现公司整体利益的目标联系起来，因此，这些激励契约的整合可以刺激高管行为，从而实现目标。

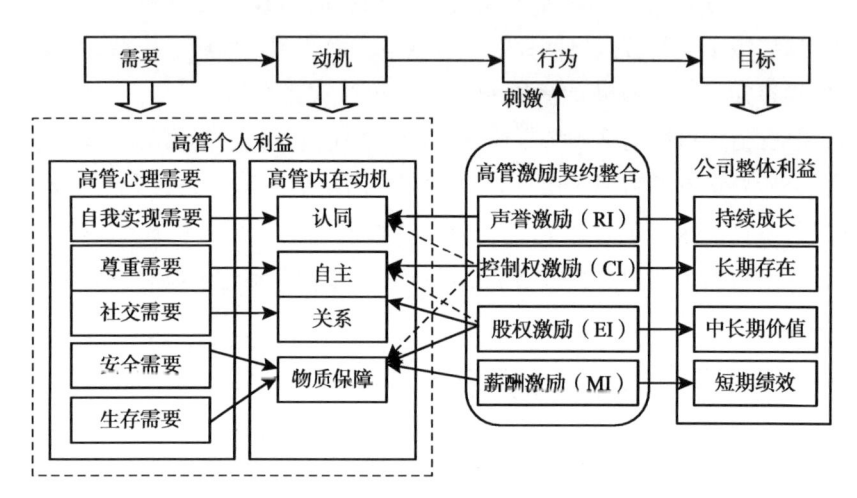

图 6-1　高管激励契约整合模型

资料来源：作者根据相关文字内容整理。

2. 高管激励契约整合原理阐释

以整合模型为基础，本书从公司整体利益与高管个人利益两个方面出发，对高管激励契约的整合原理进行系统阐释。一方面，为了保障公司更好地发展，公司整体利益的各个维度需要进行整合；另一方面，为了提高高管的工作积极性与组织忠诚度，并有效降低代理成本，高管个人利益的各个维度也需要进行整合。因此，连接两者的桥梁——高管激励契约也同样需要整合。这在一定程度上也说明了高管激励契约整合的必要性。

从公司整体利益的角度来看，薪酬激励、股权激励、控制权激励以及声誉激励的作用效果分别为促进公司短期绩效、中长期价值、长期存在乃至持续成长，而这些均是公司整体利益的构成。如果仅采用薪酬激励契约，则会导致高管倾向于以公司的短期绩效为导向，从而忽视其中长期价值。而如果仅采用显性激励契约，则会导致高管对公司短期或者中长期的财务指标以及市场价值指标更为注重，又由于高管任职的短期性，会对公司可持续成长，成为基业常青企业方面的关注会相对弱化，从而可能会导致以财务指标为导向的成长路径。

从高管个人利益的角度来看，根据马斯洛需要层次理论，高管的心理需要分为生存需要、安全需要、社交需要、尊重需要、自我实现需要，其中前两种需要使高管产生对物质保障的内在动机，社交需要使高管产生对关系的内在动机，尊重需要使高管产生了对自主的内在动机，而自我实现需要使高管产生了对认同的内在动机。而根据薪酬激励、股权激励、控制权激励、声誉激励的特性及作用机理可知，它们分别能够满足高管的上述内在动机（物质保障、关系、自主与认同）。其中，薪酬激励主要满足的是高管的物质保障动机；股权激励不仅能够满足高管的物资保障动机，而且能够通过授予高管股权以及股权赋予的部分权力满足其关系及自主动机，但对于这两类动机满足的程度要弱于对物质保障的满足程度；控制权激励通过授予高管权力，而使高管满足对自主的动机，当然在一定程度上通过在职消费也满足了他们的物质保障动机；声誉激励则满足了高管的认同动机，通过高管声誉的提升能够促进高管人力资本价值的提升，满足高管的自我实现需要。由马斯洛需要层次理论的基本观点可知，这五种需要是同时存在的，但强度不同。高管激励契约分别满足的是高管不同层次的需要，因此，它们之间存在互补关系，其整合效应要远远大于单一契约的激励效应。

6.2 显性激励契约整合对技术创新动态能力影响的实证检验

由前文可知，高管激励契约需要进行整合才能发挥更好的作用。薪酬激励与股权激励是目前上市公司中最为常用的两种显性激励契约。本节运用中国高科技上市公司的平衡面板数据，首先对显性激励契约配置方式对技术创新动态能力的影响进行比较，继而对薪酬激励与股权激励两种显性激励契约对技术创新动态能力构建的整合效应进行实证检验。

6.2.1 理论分析与研究假设

1. 显性激励契约配置方式对技术创新动态能力的影响比较

陈冬华等（2010）指出，货币薪酬并非激励契约的全部，高管与公司间的激励契约包含丰富的内容，当高管的激励契约不止一种时，不同契约如何选择与组合的问题自然就摆在了公司面前[①]。目前在上市公司中被普遍采用的高管激励机制是薪酬激励，也即年薪制。而股权激励方式是从2006年《上市公司股权激励管理办法（试行）》以来才开始真正在中国上市公司中推行的，在此之前，中国的股权激励制度一直处于初步探索阶段。股权激励在20世纪50年代的美国开始被广泛认可，成为造就微软等高科技企业成功的不可忽视的管理方式，但由于21世纪初安然、世通等丑闻的出现，部分学者开始对该股权激励的作用产生质疑。直到2006年，中国才开始陆续出台多项股权激励政策及相关指引，逐步为上市公司试行股权激励提供了重要的外部制度环境保障。很多公司开始推出股权激励方案，由于高科技行业的特殊性，推出股权激励的公司多以高科技公司为主。双鹭药业于2006年通过股权激励计划并开始实施，2007~2010年该公司的技术创新投入比率分别为1.5%，2.9%，4.9%与6.7%。由此可知，股权激励的实施对其技术创新应该具有重要的促进效应。但即使这样，仍然有部分高科技公司未实施或者推出股权激励方案。

不可否认的是，股权激励在西方诸多高科技公司中的确起到了难以替代的作用。而股权激励对于技术创新的促进效应得到了国内外诸多研

---

① 陈冬华、梁上坤、蒋德权：《不同市场化进程下高管激励契约的成本与选择：货币薪酬与在职消费》，载《会计研究》2010年第11期，第56~65页。

究的证实。詹森和麦考林（Jensen and Meckling，1976）指出，通过对公司代理人实行股票期权等股权激励契约可使代理人与委托人利益趋于一致，以加强代理人对公司长期利益的重视，尤其是技术创新[1]。近年来，诸多国内外学者已经通过实证检验证明，作为解决代理问题的重要激励机制，股权激励在降低代理成本的同时，对于技术创新同样具有促进作用。如 CEO 的股权激励对公司的研发支出具有正面效应，而且公司业绩越好，股权激励对研发支出的影响也就越大[2]；采用股权激励的确能够使公司创新能力得以提升[3]；CEO 股权激励对民营制造业企业的创新投入与创新绩效均具有正向效应[4]。

赫尔曼和蒂勒（Hellmann and Thiele，2011）构建了一个多任务模型，也通过模型推演验证了股权激励的确能够刺激企业的技术创新[5]。除理论研究之外，学者们通过实证分析也证实了上述效应。勒纳和沃尔夫（Lerner and Wulf，2007）运用美国 300 家公司的面板数据，经实证研究发现，股权激励与技术创新产出之间存在明显的正相关关系。班克等（Banker et al.，2010）提出，当增加的长期投资产生的未来收益大于短视行为所带来的短期收益时，这种短期行为便会减少。继而指出，高管股权激励对于 R&D 投入的促进效应取决于不同公司进行长期投资所能够带来的未来收益[6]。而相对于其他公司，高科技公司进行长期投资所能带来的未来收益更多，因此，股权激励也应更加有效，即在高科

---

[1] Jensen, Michael C, and Meckling, William H. Theory of the firm: Managerial behavior, agency costs and ownership structure. Journal of Financial Economics, 1976, 3 (4): 305 – 360.

[2] Wu, Jianfeng, and Tu, Runtig. CEO stock option pay and R&D spending: A behavioral agency explanation, Journal of Business Research, 2007, 60 (5): 482 – 492.

[3] Dong, Jing, Gou, Yan-nan. Corporate governance structure, managerial discretion, and the R&D investment in China, International Review of Economics & Finance, 2010, 19 (2): 180 – 188.

[4] Lin, C., Lin, P., Song, F., Li, C. Managerial Incentives, CEO Characteristics and Corporate Innovation in China's Private Sector, Journal of Comparative Economics, 2011, 39 (2): 176 – 190.

[5] Hellmann, T., Thiele, V. Incentives and Innovation: A Multitasking Approach. American Economic Association, 2011, 3 (1): 78 – 128.

[6] Banker, R., R. Huang, and R. Natarajan. Equity incentives and long-term value created by SG&A expenditure. Contemporary Accounting Research, 2010, 28 (3): 794 – 830.

技上市公司中，采用股权激励能够更好地提高上市公司的技术创新投入水平。徐宁（2013）通过中国高科技公司数据，证实了高管股权激励对研发投入的促进效应[1]。因此，从国外高科技公司的实践与已有研究文献得出的结论来看，股权激励能够对高科技公司的动态创新能力产生显著的影响。

鉴于此，本书将高科技公司的高管激励契约组合方式分为两种，一种是仅采用薪酬激励，但并未采用股权激励的方式，称之为单一型高管激励契约；另一种是既采用股权激励，又采用薪酬激励的方式，称之为复合型高管激励契约。而根据上述分析推断，采用复合型高管激励方式能够更好地促进该类公司动态创新能力的提升。因此，提出以下假设：

假设6-1：采用复合型显性激励契约与采用单一型显性激励契约的上市公司相比较，技术创新动态能力具有显著差异，前者明显高于后者。

2. 薪酬激励与股权激励对技术创新动态能力构建的整合效应

一般而言，技术创新是一种高投入高风险且周期较长的投资，如果没有合理的激励机制，高管们通常会因为关注短期财务绩效或者证券市场上的短期表现等问题回避该项投资（Holden and Lundstrum, 2009）[2]。而合理的激励机制应该是多个激励契约的整合。单一高管激励契约并不能发挥最优效应，应该通过激励相容与风险承担之间的有机平衡来对高管激励契约进行合理配置，从而实现对高管长期性行为更好的激励（Bulan and Sanyal, 2011）[3]。已有学者开始关注薪酬激励与股权激励等激励契约对技术创新作用的差异以及它们之间的关系。

薛（Xue, 2007）运用美国高科技公司的数据，采用联立方程模型

---

[1] 徐宁：《高科技公司高管股权激励对R&D投入的促进效应：一个非线性视角的研究》，载《科学学与科学技术管理》2013年第2期，第12~19页。

[2] Holden, C., and L. Lundstrum. Costly trading, managerial myopia and long-term investment. Journal of Empirical Finance, 2009, 16 (4): 126 –135.

[3] Bulan, L., Sanyal, P. Incentivizing managers to build innovative firms. Annals of Finance 2011, (7): 267 –283.

方法进行研究后发现，薪酬激励与股权激励的配置不同，高科技公司进行技术创新的路径也会不同。具体来说，采用以基于财务指标的薪酬激励为主的激励契约的公司，更倾向于选择"购买"来进行技术创新，而采用以股权激励为主的激励契约的公司，采用"内部开发"路径来进行创新的概率更大[1]。埃德蒙斯等（Edmans et al., 2012）基于动态代理理论，从避免短视效应，促进公司长期价值的视角出发，构建了一个高管激励契约结构随着不同时间与不同公司之间变化的动态契约模型，对薪酬激励与股权激励之间的配置原理进行了阐释，认为两者之间是具有一种互补关系[2]。

在实践中，由于货币薪酬激励的短期性特征，其对高管长期行为的激励，尤其是对技术创新的激励效应是十分有限的。薪酬激励一般包括基本薪酬与风险薪酬，基本薪酬是一种福利性质的奖励，也可以说是一种保健因素，而真正具有激励作用的风险薪酬也大多是由中短期绩效决定的，所以难以提供长期性激励。具有合理性的技术创新导向的高管激励机制首先应该是包含多个激励契约的整合，尤其应该是通过中短期激励与长期激励的协同达到激励创新的目的。因此，提出以下假设：

假设6-2：薪酬激励与股权激励具有互补效应，两者的有机整合才能对动态创新能力产生显著的促进作用。

6.2.2 研究方法与研究模型

1. 独立样本 T 检验

本书将中国高科技上市公司分成两组，一组是仅采用薪酬激励（即

---

[1] Xue Yanfeng. Make or buy new technology: The role of CEO compensation contract in a firm's route to innovation. Review of Accounting Studies, 2007, 12 (4): 659-690.

[2] Edmans A., Gabaix X., Sadzik T., and Sannikov Y. Dynamic CEO Compensation. The Journal of Finance, 2012, 67 (5): 1603-1647.

单一型显性激励契约）的上市公司，另一组是既采用薪酬激励，又采用股权激励（即复合型显性激励契约）的上市公司。然后将前者作为控制组（Control Group），后者作为实验组（Treatment Group），运用独立样本 T 检验，检验全部以及每年度两组样本的技术创新动态能力及其各个维度的均值是否具有显著差异，完成假设 6-1 的验证。

2. 面板数据模型

采用中国高科技上市公司面板数据，运用多元回归分析与豪斯曼（Hausman）检验对参数进行估计，以克服截面数据与时间序列数据分析较易出现的误差项序列相关性与异方差性等问题，提高估计的有效性。首先分别构建自变量为薪酬激励与股权激励的研究模型，然后加入薪酬激励与股权激励的交互项构建一个新模型，如下所示。通过三个模型的检验与结果比较，完成假设 6-2 的验证。

$$TIDC_{i,t} = \alpha + u_i + b_1 MI_{i,t} + b_2 CR_{i,t} + b_3 OW_{i,t} + b_4 PLU_{i,t} + b_5 IB_{i,t} + b_6 Size_{i,t} + b_7 Grow_{i,t} + b_8 Lev_{i,t} + b_9 ROA_{i,t} e_{i,t}$$

$$TIDC_{i,t} = \alpha + u_i + b_1 EI_{i,t} + b_2 CR_{i,t} + b_3 OW_{i,t} + b_4 PLU_{i,t} + b_5 IB_{i,t} + b_6 Size_{i,t} + b_7 Grow_{i,t} + b_8 Lev_{i,t} + b_9 ROA_{i,t} e_{i,t}$$

$$TIDC_{i,t} = \alpha + u_i + b_1 MI_{i,t} + b_2 EI_{i,t} + b_3 MI_{i,t} \times EI_{i,t} + b_4 CR_{i,t} + b_5 OW_{i,t} + b_6 PLU_{i,t} + b_7 IB_{i,t} + b_8 Size_{i,t} + b_9 Grow_{i,t} + b_{10} Lev_{i,t} + b_{11} ROA_{i,t} e_{i,t}$$

6.2.3 实证结果分析与讨论

1. 分组 T 检验结果

（1）总体样本分组检验结果。由表 6-3 的分组统计量可知，控制组（即采用单一型高管显性激励配置方案的上市公司）为 192 个样本，实验组（即采用包含股权激励的复合型高管显性激励配置方案的上市公司）为 216 个样本，前者技术创新动态能力（TIDC）的均值是 -0.099121，后者则达到 0.088107，两者相差几乎三倍。再看表 6-4 所示的方差齐性检验结果，F 值为 21.903，Sig. 为 0.000，因此应选择方差非齐性时的 t 检验结果，即 t 等于 3.886，Sig. 为 0.000，小于 0.05，则拒绝"两组均值无显著差异"的原假设，可认为控制组与实验组的技术创动态能力（TIDC）均值存在显著的差异。

表 6-3 总体样本分组统计量

因变量	组别	数量	平均值	标准差	标准误
技术创新动态能力（TIDC）	控制组	192	-0.099121	0.3785128	0.0273168
	实验组	216	0.088107	0.5833458	0.0396917
技术创新投入能力（TII）	控制组	192	-0.168423	0.7940858	0.0573082
	实验组	216	0.149709	1.1335747	0.0771300
技术创新产出能力（TIO）	控制组	192	-0.105919	0.7640866	0.0551432
	实验组	216	0.094150	1.1642346	0.0792161
技术创新转化能力（TIT）	控制组	192	-0.168423	0.7940858	0.0573082
	实验组	216	0.066841	1.2338364	0.0839519

资料来源：根据相关实证分析数据整理。

表 6-4 总体样本方差齐性检验与均值 T 检验

变量	齐性/非齐性	方差齐性检验 F	Sig.	均值 T 检验 t	df	Sig.(2-tailed)	平均差	标准误差
TIDC	齐性	21.903	0.000	3.793	406	0.000	0.1872279	0.0493552
	非齐性			3.886	372.768	0.000	0.1872279	0.0481833
TII	齐性	11.087	0.001	3.245	406	0.001	0.3181321	0.0980455
	非齐性			3.311	385.619	0.001	0.3181321	0.0960899
TIO	齐性	10.837	0.001	2.025	406	0.044	0.2000691	0.0988110
	非齐性			2.073	374.788	0.039	0.2000691	0.0965193
TIT	齐性	5.015	0.026	1.434	406	0.152	0.1420374	0.0990581
	非齐性			1.484	330.050	0.139	0.1420374	0.0957349

资料来源：根据相关实证分析数据整理。

再如表 6-3 所示，实验组的技术创动态能力均值要明显高于控制组，即采用复合型显性激励契约与采用单一型显性激励契约的高科技上市公司相比较，技术创动态能力具有显著差异，前者明显高于后者，即假设 6-1 得到验证。具体到技术创新动态能力的各个维度，技术创新投入能力（TII）与技术创新产出能力（TIO）均指在控制组与实验组之间具有显著差异，并且实验组要明显优于控制组，即采用复合型显性激励契约的上市公司的技术创新动态能力要高于采用单一型显性激励契约的上市公司。但技术创新转化能力却在两个组别之间没有显著的差异。据此可以初步推断，股权激励对于技术创新投入能力及技术创新产出能力的促进效应要更为明显。

（2）分年度样本分组 T 检验结果。表 6-5 到表 6-12 是分年度对控制组与实验组进行的比较分析，运用独立样本 T 检验来判断两组上市公司的技术创新动态能力（TIDC）均值是否存在显著差异。由其可知，采用股权激励上市公司的数量四年来分别为 28 家、55 家、64 家与 69 家，比例从 2007 年的 27.45% 增长到 2010 年的 66.67%。而两组样本的技术创新动态能力均值相比较，除 2007 年之外，实验组的均值均高于控制组的公司。尤其是在 2009 年与 2010 年，采用股权激励公司的比例均达到 60% 以上，而此时两组样本的技术创新动态能力均值悬殊比较大。

同时，方差齐性检验结果可知，2009 年与 2010 年技术创新动态能力的总体方差存在显著差异（2009 年 F 值为 11.567，Sig. 为 0.001；2010 年 F 为 8.666，Sig. 为 0.004）。因此应选择方差非齐性时的 t 检验结果，即 2009 年度下面一行列出的 t = -3.001，p = 0.002 与 2010 年度的 t = -3.160，p = 0.004。如果显著性水平 α 为 0.05，两组的 P 值均小于 0.05，则拒绝"两组均值无显著差异"的原假设，从而得出实验组与控制组的技术创新动态能力具有显著差异。从样本均数来看，可认为实验组，也即采用复合型显性激励契约的上市公司技术创新动态能力较好。2007 年与 2008 年的 T 检验结果尚未得出上述结论，主要原因是股权激励刚刚在上市公司中推行，其对技术创新动态能力的促进效应还未显现。

表 6-5　　　　　　　　　　2007 年度分组统计量

因变量	组别	数量	平均值	标准差	标准误
技术创新动态能力（TIDC）	控制组	74	-0.0836	0.35236	0.04096
	实验组	28	-0.0312	0.47720	0.09018
技术创新投入能力（TII）	控制组	74	-0.0664	0.91003	0.10579
	实验组	28	-0.1699	0.76052	0.14372
技术创新产出能力（TIO）	控制组	74	-0.1251	0.56340	0.06549
	实验组	28	-0.0325	1.06732	0.20170
技术创新转化能力（TIT）	控制组	74	-0.0890	0.64480	0.07496
	实验组	28	0.1136	0.81701	0.15440

资料来源：根据相关实证分析数据整理。

表 6-6　　　　　　2007 年度方差齐性检验与均值 T 检验

变量	齐性/非齐性	方差齐性检验 F	Sig.	均值 T 检验 t	df	Sig.(2-tailed)	平均差	标准误差
TIDC	齐性	0.448	0.505	-0.606	100	0.546	-0.05240	0.08654
	非齐性			-0.529	38.681	0.600	-0.05240	0.09905
TII	齐性	0.718	0.399	0.535	100	0.594	0.10348	0.19352
	非齐性			0.580	57.896	0.564	0.10348	0.17846
TIO	齐性	1.282	0.260	-0.568	100	0.571	-0.09259	0.16294
	非齐性			-0.437	32.858	0.665	-0.09259	0.21207
TIT	齐性	1.318	0.254	-1.313	100	0.192	-0.20258	0.15432
	非齐性			-1.180	40.397	0.245	-0.20258	0.17163

资料来源：根据相关实证分析数据整理。

表 6-7　　　　　　　　　　2008 年度分组统计量

因变量	组别	数量	平均值	标准差	标准误
技术创新动态能力（TIDC）	控制组	47	-0.0586	0.56234	0.08203
	实验组	55	0.0887	0.56204	0.07579
技术创新投入能力（TII）	控制组	47	-0.0524	0.94153	0.13734
	实验组	55	0.0480	0.99952	0.13478
技术创新产出能力（TIO）	控制组	47	-0.0375	1.27577	0.18609
	实验组	55	0.1772	1.16448	0.15702
技术创新转化能力（TIT）	控制组	47	-0.1456	0.60649	0.08847
	实验组	55	0.0410	1.01738	0.13718

资料来源：根据相关实证分析数据整理。

表 6-8　　　　　2008 年度方差齐性检验与均值 T 检验

变量	齐性/非齐性	方差齐性检验 F	Sig.	均值 T 检验 t	df	Sig.(2-tailed)	平均差	标准误差
TIDC	齐性	2.168	0.144	-1.319	100	0.190	-0.14726	0.11167
	非齐性			-1.319	97.520	0.190	-0.14726	0.11168
TII	齐性	0.001	0.973	-0.519	100	0.605	-0.10036	0.19333
	非齐性			-0.522	99.027	0.603	-0.10036	0.19242
TIO	齐性	1.551	0.216	-0.888	100	0.377	-0.21469	0.24173
	非齐性			-0.882	94.160	0.380	-0.21469	0.24348
TIT	齐性	1.044	0.309	-1.101	100	0.274	-0.18658	0.16950
	非齐性			-1.143	89.983	0.256	-0.18658	0.16323

资料来源：根据相关实证分析数据整理。

表 6-9　　　　　　　　　　2009 年度分组统计量

因变量	组别	数量	平均值	标准差	标准误
技术创新动态能力（TIDC）	控制组	38	-0.1244	0.23575	0.03824
	实验组	64	0.1607	0.69590	0.08699
技术创新投入能力（TII）	控制组	38	-0.2906	0.57001	0.09247
	实验组	64	0.2562	1.31522	0.16440
技术创新产出能力（TIO）	控制组	38	-0.1087	0.40537	0.06576
	实验组	64	0.2283	1.46997	0.18375
技术创新转化能力（TIT）	控制组	38	-0.0441	0.67843	0.11006
	实验组	64	0.0402	1.33413	0.16677

资料来源：根据相关实证分析数据整理。

表 6-10　　　　2009 年度方差齐性检验与均值 T 检

变量	齐性/非齐性	F	Sig.	t	df	Sig. (2-tailed)	平均差	标准误差
TIDC	齐性	11.567	0.001	-2.440	100	0.016	-0.28516	0.11687
	非齐性			-3.001	84.342	0.004	-0.28516	0.09502
TII	齐性	6.954	0.010	-2.427	100	0.017	-0.54682	0.22527
	非齐性			-2.899	93.271	0.005	-0.54682	0.18862
TIO	齐性	5.366	0.023	-1.380	100	0.171	-0.33696	0.24422
	非齐性			-1.727	77.993	0.088	-0.33696	0.19516
TIT	齐性	0.667	0.416	-0.362	100	0.718	-0.08430	0.23275
	非齐性			-0.422	98.132	0.674	-0.08430	0.19981

资料来源：根据相关实证分析数据整理。

表 6-11　　　　　　　2010 年度分组统计量

因变量	组别	数量	平均值	标准差	标准误
技术创新动态能力（TIDC）	控制组	33	-0.1625	0.21267	0.03702
	实验组	69	0.0687	0.52419	0.06311
技术创新投入能力（TII）	控制组	33	-0.4002	0.41978	0.07307
	实验组	69	0.2617	1.16764	0.14057
技术创新产出能力（TIO）	控制组	33	-0.1598	0.47047	0.08190
	实验组	69	-0.0451	0.84006	0.10113
技术创新转化能力（TIT）	控制组	33	-0.0006	0.61726	0.10745
	实验组	69	0.0932	1.44031	0.17339

资料来源：根据相关实证分析数据整理。

表 6-12　　　　　　2010 年度方差齐性检验与均值 T 检

变量	方差齐性检验			均值 T 检验				
	齐性/非齐性	F	Sig.	t	df	Sig. (2-tailed)	平均差	标准误差
TIDC	齐性	8.666	0.004	-2.434	100	0.017	-0.23116	0.09496
	非齐性			-3.160	98.155	0.002	-0.23116	0.07316
TII	齐性	16.181	0.000	-3.153	100	0.002	-0.66190	0.20990
	非齐性			-4.178	94.980	0.000	-0.66190	0.15843
TIO	齐性	1.901	0.171	-0.731	100	0.467	-0.11476	0.15706
	非齐性			-0.882	97.410	0.380	-0.11476	0.13013
TIT	齐性	1.162	0.284	-0.358	100	0.721	-0.09371	0.26202
	非齐性			-0.459	99.176	0.647	-0.09371	0.20399

资料来源：根据相关实证分析数据整理。

2. 面板数据分析

表 6-13 列示了运用面板数据进行多元回归以及 Hansman 检验的结果。其中模型Ⅰ与模型Ⅱ分别是单独加入薪酬激励变量（MI）与股权激励变量（EI）的结果，模型Ⅲ是同时加入薪酬激励（MI）、股权激励（EI）变量以及两者交互项（EI×MI）的结果。每一列都展示了固定效应（Fix Effect）与随机效应（Random Effect）两种结果，经过 Hansman 检验可知，这三个模型均应该选择随机效应模型，其中第Ⅰ列与第Ⅲ列是 Chi2 < 0，第Ⅱ列是 prob > 0.05，这些条件均符合随机效应模型。

具体到每一个模型，由第Ⅰ列的固定效应模型回归结果可知，单独使用薪酬激励对动态创新能力并没有显著性影响，由第Ⅱ列的随机效应回归结果可知，单独使用股权激励对动态创新能力也没有显著性影响。然而，当将两者均加入模型，同时也加入了两者的交互项之后，薪酬激励变量在 0.01 的水平上显著，股权激励变量在 0.1 的水平上显著，并且两者的交互项在 0.1 的水平上显著为正，模型整体也有效（Wald =

28.31，P = 0.0290），如第Ⅲ列的随机效应模型所示。从 R^2 的变量值可知，模型Ⅲ中的自变量对于因变量的解释力度加大。由此可知，在对技术创新动态能力进行影响的过程中，薪酬激励与股权激励之间存在显著的互补效应，单独使用一种激励契约均不能对技术创新动态能力产生明显的促进作用，需要两者的合理配置才能实现协同效应。因此，假设6-2得到验证。

表6-13　薪酬激励与股权激励互补效应分析结果

变量	Model Ⅰ 固定效应（FE）	Model Ⅰ 随机效应（RE）	Model Ⅱ 固定效应（FE）	Model Ⅱ 随机效应（RE）	Model Ⅲ 固定效应（FE）	Model Ⅲ 随机效应（RE）
解释变量：						
MI	0.0058 (0.14)	0.0652 (1.24)			0.0427 (0.76)	0.1499*** (2.78)
EI			-0.2776 (-0.62)	-0.0530 (-0.16)	7.3300 (1.14)	8.141378* (1.65)
交互项：						
EI × MI					0.5559 (-1.16)	0.6016* (1.66)
控制变量						
CR	-0.2411 (-1.07)	-0.1413 (-0.90)	-0.2358 (-1.02)	-0.2789 (-1.01)	-0.2751 (-1.16)	-0.2567 (-0.91)
OW	0.0241 (0.42)	-0.0639 (-0.94)	-0.0244 (0.42)	0.0238 (0.31)	-0.0177 (0.30)	0.0226 (0.29)
PLU	0.1468* (1.84)	0.0456 (0.65)	0.1398* (1.72)	0.1579* (1.84)	0.1408* (1.72)	0.1508* (1.73)
IB	-0.4824 (-0.39)	-0.0159 (-0.03)	-0.4255 (-0.36)	-0.3690 (-0.43)	-0.4682 (-0.39)	-0.4116 (-0.47)
Size	0.1929** (2.51)	0.0669 (1.62)	0.2084*** (2.86)	0.0960* (1.70)	0.2099*** (2.76)	0.0586 (1.06)

续表

变量	Model Ⅰ 固定效应 (FE)	Model Ⅰ 随机效应 (RE)	Model Ⅱ 固定效应 (FE)	Model Ⅱ 随机效应 (RE)	Model Ⅲ 固定效应 (FE)	Model Ⅲ 随机效应 (RE)
Grow	-0.1563*	-0.0036	-0.1696**	-0.1471**	-0.1741**	-0.1385*
	(-1.87)	(-0.07)	(-2.02)	(-1.99)	(-2.09)	(-1.94)
LEV	0.0194	0.0478	0.0209	0.2160	-0.0170	-0.2788
	(0.12)	(0.50)	(0.13)	(-1.20)	(-0.10)	(-1.56)
ROA	-0.4910*	-0.6907*	-0.4926*	-0.1931	-0.5052*	-0.2933
	(-1.94)	(-1.71)	(-1.94)	(-0.76)	(-1.94)	(-1.18)
R^2	0.0361	0.0345	0.0571	0.0315	0.0653	0.0449
ΔR^2（与Ⅰ相比）					0.0292	0.0104
ΔR^2（Ⅱ相比）					0.0082	0.0134
F/Wald 检验	F=1.68 P=0.0923	Wald=14.86 P=0.1373	F=1.70 P=0.087	Wald=14.45 P=0.153	F=1.48 P=0.1398	Wald=28.31 P=0.0290
Hausman 检验	chi2<0 (采用 RE)	chi2<0 (采用 RE)	chi2=0.38 Prob=1.0000>0.05 (采用 RE)	chi2=0.38 Prob=1.0000>0.05 (采用 RE)	chi2<0 (采用 RE)	chi2<0 (采用 RE)

注：***、**、*分别表示1%、5%、10%的显著性水平，括号内为 Z 值；Hausman 检验：P 大于0.05则接受原假设，意味着模型为随机效应模型（RE）；否则拒绝原假设，采用固定效应模型（FE）；对 Hausman 设定检验无法判别的模型，采用随机效应模型（RE）；本表未报告常数项。

资料来源：根据相关实证分析数据整理。

综上所述，本节运用实证研究方法，对高管激励显性契约配置方式对技术创新动态能力的影响进行比较，继而对薪酬激励与股权激励之间的交互关系进行实证检验，得出以下结论：第一，采用复合型显性激励契约与采用单一型显性激励契约的高科技上市公司相比较，技术创新动态能力具有显著差异，前者明显高于后者；第二，从技术创新动态能力的构成维度来看，复合型显性激励契约对于技术创新投入能力与技术创新产出能力的影响更为显著；第三，薪酬激励与股权激励在对高科技上市公司技术创新动态能力作用的过程中具有协同效应，两者的有机整合才能对技术创新动态能力产生显著的促进作用。

6.3
隐性激励契约整合对技术创新动态能力影响的实证检验

控制权激励与声誉激励是目前上市公司中最为常用的两种隐性激励契约。本节运用中国高科技上市公司的平衡面板数据，对隐性激励契约配置方式对技术创新动态能力的影响进行比较，继而对控制权激励与声誉激励两种隐性激励契约对技术创新动态能力构建的整合效应进行实证检验。

6.3.1 理论分析与研究假设

1. 隐性激励契约配置方式对动态创新能力的影响效应比较

目前，在上市公司中，控制权激励是较为常用的一种隐性激励方式。通过控制权所获得的收益一般为拥有控制权的企业家或高管人员所直接占有，如特殊权力带来的满足感、可享受到有形或无形的在职消费（Perk）等[1]。拉詹和沃尔夫（Rajan and Wulf，2006）在职消费是因职务和工作需要而引发的消费，在各国普遍存在，他们还运用美国300家上市公司的面板数据证实了在职消费可以提高管理层的工作效率[2]。黄群慧（2000）指出，在一定条件下，以在职消费为主的控制权收益有利于企业经营目标的实现，但也有可能导致过度在职消费、重复建设、兼并障碍及腐败等。在职消费目前在我国的上市公司中也普遍存在（高明华等，2011）。

---

[1] 陈冬华等（2010）定义下的在职消费满足以下特征：(1) 与高管的工作和职位相关；(2) 能够提升高管的效用；(3) 对公司价值提升并无此消彼长的直接联系；(4) 发生的数量、目的、时点更为弹性，而且不受制于明示的契约；(5) 体现了高管个人的主观意愿、兴趣与社会资本。

[2] Rajan R. and Wulf J. Are Perks Purely Managerial Excess. Journal of Financial Economics，2006（79）：1-33.

本书认为，由于控制权激励的本质是把特定控制权授予与否、授予后控制权的制约程度作为高管努力程度和贡献大小的相应回报，因此，控制权激励的有效性取决于高管对公司做出的贡献与他所得的特定控制权之间的对称性。这便决定了控制权激励在本质上具有双重性。基于这种双重性，控制权激励与技术创新动态能力之间应该存在显著的曲线关系，即随着控制权激励力度的变化，它对技术创新动态能力的影响效应会经历从促进到抑制的演化过程，该结论在前文中已经得到证实。当高管所做出的贡献小于他所获得的控制权时，即在处于激励不足状态的情况下，随着控制权激励力度的增加，控制权对于高管的激励效应将逐步增强，同时对于技术创新的支持力度便会增加，公司的技术创新动态能力也会随之得到提升；当控制权激励力度达到了一定程度，高管获得的控制权与他所做出的贡献大致相等，付出与回报达到平衡，而此时控制权激励对于技术创新动态能力的正向效应也达到最大值；但超过此极值之后，随着高管拥有的控制权的增加，高管所做的贡献与所拥有权力之间的非对称性将继续加剧，此时，控制权激励的消极作用开始逐步显现，继而导致控制权激励对技术创新动态能力也开始呈现出抑制效应。为避免抑制效应的出现，一方面要依据外部力量来对控制权激励水平进行控制，另一方面是通过声誉激励等契约的补充，从而使高管从自身的声誉角度出发，以减弱控制权激励的负面效果。因此，单独采用控制权激励契约的单一型隐性激励契约与既采用控制权激励，又采用声誉激励的复合型隐性激励契约相比，前者的技术创新动态能力要高于后者。基于此，本书提出以下假设：

假设6-3：采用复合型隐性激励契约与采用单一型隐性激励契约的上市公司相比较，技术创新动态能力具有显著差异，前者明显高于后者。

2. 控制权激励与声誉激励对技术创新动态能力构建的整合效应

控制权激励的作用机理是使高管通过获得控制权而拥有包括在职消费等的诸多特权，而在精神层面，他们会拥有权力本身带来的满足感与成就感。相对于物质激励，这种满足感与成就感对于高管的激励作用更加强烈与持久。而如果想要这种感觉继续得到拓展,其影响力继续得以扩大,那么,就需要将这种感觉以及所带来的激励效应延伸到公司外部,如经理人市场。高管在经理人市场的声誉得到提升,控制权激励的积极作用也会相应得到大幅度增强。良好的声誉是高管持续获得控制权的保障,可以说,声誉激励作为另一种重要的隐性激励契约,与控制权激励是一种互补关系。

经理人市场为公司提供了广泛筛选、鉴别职业经理人候选人素质和能力的基础制度,一般是通过声誉显示的信号传递功能以及运用竞争效应形式构建市场选择与评价机制、市场控制机制来提供外部约束作用(徐宁,2012)。而其中的声誉传递功能主要是通过构建声誉显示机制,通过经理人能力和努力程度的公开显示与评价,以防止经营者做出可能摧毁其未来职业生涯的行为。充分竞争的经理人市场拥有高效的声誉评价与传递机制,能够动态地显示高管的能力与努力程度,使其处于持续的自激励过程中。同时,这种显示与传递功能也应借助新闻媒体等的治理力量,以形成强大的舆论影响,使此功能的效果得到大幅加强。因此,在完善的经理人市场与科学的声誉评价体系之下,高管获得的控制权激励将发挥更为积极的作用,对于技术创新的促进效应也会得到强化。

假设6-4:控制权激励与声誉激励具有互补效应,两者的有机整合才能对动态创新能力产生显著的促进作用。

6.3.2 研究方法与研究模型

1. 独立样本 T 检验

本书将中国高科技上市公司分成两组,一组是仅采用控制权激励(即单一型隐性激励契约)的上市公司,另一组是既采用控制权激励,又采用声誉激励(即复合型显性激励契约)的上市公司。然后将前者作为控制组,后者作为实验组,运用独立样本 T 检验,检验全部以及每年度两组样本的技术创新动态能力及其各个构成维度的均值是否具有显著差异，完成假设 6-3 的验证。

2. 面板数据模型

采用中国高科技上市公司面板数据，运用多元回归分析与豪斯曼检验对参数进行估计，以克服截面数据与时间序列数据分析较易出现的误差项序列相关性与异方差性等问题，提高估计的有效性。首先分别构建自变量为控制权激励与声誉激励的研究模型，然后加入控制权激励与声誉激励的交互项构建一个新模型，如下所示。通过三个模型的检验与结果比较，完成假设 2 的验证。

6.3.3 实证结果分析与讨论

1. 分组 T 检验结果

（1）总体样本分组检验结果。由表 6-14 的分组统计量可知，控制组（即采用单一型高管隐性激励配置方案的上市公司）为 252 个样本，实验组（即采用包含声誉激励的复合型高管隐性激励配置方案的上市公司）为 156 个样本，前者技术创动态能力（TIDC）的均值是 -0.0582，后者则达到 0.0941，两者差距比较大。

表 6-14 总体样本分组统计量

因变量	组别	数量	平均值	标准差	标准误
技术创新动态能力（TIDC）	控制组	252	-0.0582	0.45861	0.02889
	实验组	156	0.0941	0.56262	0.04505
技术创新投入能力（TII）	控制组	252	-0.0040	1.03079	0.06493
	实验组	156	0.0064	0.95138	0.07617
技术创新产出能力（TIO）	控制组	252	-0.0517	0.96011	0.06048
	实验组	156	0.0835	1.05911	0.08480
技术创新转化能力（TIT）	控制组	252	-0.1760	0.61964	0.03903
	实验组	156	0.2843	1.36834	0.10955

资料来源：根据相关实证分析数据整理。

表6-15　　　　　总体样本方差齐性检验与均值T检验

变量	方差齐性检验			均值T检验				
	齐性/非齐性	F	Sig.	t	df	Sig. (2-tailed)	平均差	标准误差
TIDC	齐性	7.663	0.006	-2.985	406	0.003	-0.15234	0.05103
	非齐性			-2.847	279.531	0.005	-0.15234	0.05351
TII	齐性	0.001	0.979	-0.102	406	0.919	-0.01037	0.10200
	非齐性			-0.104	348.488	0.918	-0.01037	0.10009
TIO	齐性	2.575	0.109	-1.329	406	0.185	-0.13523	0.10178
	非齐性			-1.298	304.201	0.195	-0.13523	0.10416
TIT	齐性	13.688	0.000	-4.630	406	0.000	-0.46031	0.09941
	非齐性			-3.958	194.911	0.000	-0.46031	0.11630

资料来源：根据相关实证分析数据整理。

由表6-15所示的方差齐性检验结果可知，F值为7.663，Sig为0.006，因此应选择方差非齐性时的t检验结果，即t等于-2.847，Sig为0.005，小于0.05，则拒绝"两组均值无显著差异"的原假设，可认为控制组与实验组的技术创动态能力（TIDC）均值存在显著的差异。又由表6-13可知，实验组的技术创动态能力均值要明显高于控制组，即采用复合型隐性激励契约与采用单一型隐性激励契约的高科技上市公司相比较，技术创动态能力具有显著差异，前者明显高于后者。假设6-3得到验证。从技术创新动态能力的三个构成维度来看，控制组与实验组在技术创新转化能力（TIT）上具有更为显著的差异，据此可以初步推断，声誉激励对于技术创新转化能力（TIT）会产生更为明显的促进效应。

（2）分年度检验结果。表6-16到表6-23是分年度对控制组与实验组进行的比较分析，运用独立样本T检验来判断两组公司的技术创新动态能力（TIDC）均值是否存在显著差异。由其可知，2007~2010年的四年以来，采用声誉激励（RI）的上市公司的数量分别为40家、40家、38家与38家，基本保持不变。但从两组样本的技术创新动态能力均值相比较来看，实验组的均值均高于控制组的公司。尤其是在2008

年以后，两组样本的技术创新动态能力均值悬殊开始增大，如2008年实验组技术创新动态能力的均值是0.1745，控制组为-0.0783，2009年实验组技术创新动态能力的均值是0.1641，控制组为-0.0106，几乎是数十倍的增加。

同时，方差齐性检验结果可知，2008年两组样本技术创新动态能力（TIDC）的总体方差存在显著差异（F值为7.849，Sig.为0.006）。因此应选择方差非齐性时的t检验结果，即2008年度下面一行列出的$t = -2.011$，$p = 0.049$。如果显著性水平α为0.05，两组的P值均小于0.05，则拒绝"两组均值无显著差异"的原假设，从而得出实验组与控制组的技术创新动态能力具有显著差异。从样本均数来看，实验组的技术创新动态能力均值为0.1745，控制组仅为-0.0783，因此可认为实验组的技术创新动态能力要明显高于控制组，也即采用复合型隐性激励契约对于上市公司的技术创新动态能力具有更为有效的促进效应。而2009年方差齐性检验结果为F值为6.366，Sig.为0.013，因此应选择方差非齐性时的t检验结果，即2008年度下面一行列出的$t = -2.205$，$p = 0.033$，可以推断，两组样本技术创新转化能力（TIT）的总体方差具有显著差异。而实验组的技术创新转化能力均值为0.3960，控制组仅为-0.2104，由此可知，实验组的技术创新转化能力要优于控制组，即采用复合型隐性激励契约对于公司的技术创新转化能力存在更为显著的正向影响。

表6-16　　　　　　　　　　2007年度分组统计量

因变量	组别	数量	平均值	标准差	标准误
技术创新动态能力（TIDC）	控制组	62	-0.0916	0.38444	0.04882
	实验组	40	-0.0345	0.39784	0.06290
技术创新投入能力（TII）	控制组	62	-0.0561	0.91990	0.11683
	实验组	40	-0.1548	0.79151	0.12515
技术创新产出能力（TIO）	控制组	62	-0.1342	0.77124	0.09795
	实验组	40	-0.0463	0.67238	0.10631
技术创新转化能力（TIT）	控制组	62	-0.1226	0.70613	0.08968
	实验组	40	0.1049	0.67051	0.10602

资料来源：根据相关实证分析数据整理。

表6-17　　　　　2007年度方差齐性检验与均值T检验

变量	齐性/非齐性	方差齐性检验 F	Sig.	t	df	Sig.(2-tailed)	平均差	标准误差
TIDC	齐性	0.124	0.726	-0.723	100	0.472	-0.05711	0.07904
	非齐性			-0.717	81.283	0.475	-0.05711	0.07963
TII	齐性	0.984	0.324	0.559	100	0.578	0.09878	0.17686
	非齐性			0.577	91.947	0.565	0.09878	0.17120
TIO	齐性	0.326	0.569	-0.591	100	0.556	-0.08794	0.14891
	非齐性			-0.608	91.267	0.544	-0.08794	0.14455
TIT	齐性	0.049	0.826	-1.620	100	0.108	-0.22751	0.14043
	非齐性			-1.638	86.473	0.105	-0.22751	0.13886

资料来源：根据相关实证分析数据整理。

表6-18　　　　　　2008年度分组统计量

因变量	组别	数量	平均值	标准差	标准误
技术创新动态能力（TIDC）	控制组	62	-0.0783	0.40821	0.05184
	实验组	40	0.1745	0.72388	0.11446
技术创新投入能力（TII）	控制组	62	0.0142	1.03524	0.13148
	实验组	40	-0.0174	0.87095	0.13771
技术创新产出能力（TIO）	控制组	62	-0.0843	0.79404	0.10084
	实验组	40	0.3302	1.65346	0.26144
技术创新转化能力（TIT）	控制组	62	-0.2330	0.58148	0.07385
	实验组	40	0.2465	1.10339	0.17446

资料来源：根据相关实证分析数据整理。

表6-19　　　　　2008年度方差齐性检验与均值T检验

变量	齐性/非齐性	方差齐性检验 F	Sig.	t	df	Sig.(2-tailed)	平均差	标准误差
TIDC	齐性	7.849	0.006	-2.253	100	0.026	-0.25274	0.11219
	非齐性			-2.011	55.160	0.049	-0.25274	0.12565
TII	齐性	0.087	0.769	0.160	100	0.873	0.03158	0.19762
	非齐性			0.166	93.065	0.869	0.03158	0.19039

续表

变量	齐性/非齐性	方差齐性检验 F	Sig.	均值T检验 t	df	Sig.(2-tailed)	平均差	标准误差
TIO	齐性	7.544	0.007	-1.697	100	0.093	-0.41452	0.24428
	非齐性			-1.479	50.750	0.145	-0.41452	0.28021
TIT	齐性	0.087	0.769	0.160	100	0.873	0.03158	0.19762
	非齐性			0.166	93.065	0.869	0.03158	0.19039

资料来源：根据相关实证分析数据整理。

表6-20　　　　　　　　2009年度分组统计量

因变量	组别	数量	平均值	标准差	标准误
技术创新动态能力（TIDC）	控制组	64	-0.0106	0.60075	0.07509
	实验组	38	0.1641	0.54625	0.08861
技术创新投入能力（TII）	控制组	64	0.0369	1.22387	0.15298
	实验组	38	0.0600	0.92799	0.15054
技术创新产出能力（TIO）	控制组	64	0.0649	1.30070	0.16259
	实验组	38	0.1689	1.01347	0.16441
技术创新转化能力（TIT）	控制组	64	-0.2104	0.59922	0.07490
	实验组	38	0.3960	1.63167	0.26469

资料来源：根据相关实证分析数据整理。

表6-21　　　　　2009年度方差齐性检验与均值T检验

变量	齐性/非齐性	方差齐性检验 F	Sig.	均值T检验 t	df	Sig.(2-tailed)	平均差	标准误差
TIDC	齐性	0.402	0.527	-1.467	100	0.145	-0.17466	0.11902
	非齐性			-1.504	83.833	0.136	-0.17466	0.11615
TII	齐性	0.021	0.885	-0.100	100	0.920	-0.02312	0.23009
	非齐性			-0.108	94.003	0.914	-0.02312	0.21463
TIO	齐性	0.061	0.805	-0.422	100	0.674	-0.10393	0.24625
	非齐性			-0.449	92.693	0.654	-0.10393	0.23122
TIT	齐性	6.366	0.013	-2.691	100	0.008	-0.60643	0.22539
	非齐性			-2.205	43.001	0.033	-0.60643	0.27509

资料来源：根据相关实证分析数据整理。

表 6-22　　　　　　　　2010 年度分组统计量

因变量	组别	数量	平均值	标准差	标准误
技术创新动态能力（TIDC）	控制组	64	-0.0542	0.41085	0.05136
	实验组	38	0.0749	0.52745	0.08556
技术创新投入能力（TII）	控制组	64	-0.0119	0.93468	0.11684
	实验组	38	0.1477	1.19100	0.19321
技术创新产出能力（TIO）	控制组	64	-0.0569	0.87906	0.10988
	实验组	38	-0.1249	0.42144	0.06837
技术创新转化能力（TIT）	控制组	64	-0.1381	0.59314	0.07414
	实验组	38	0.4013	1.83327	0.29740

资料来源：根据相关实证分析数据整理。

表 6-23　　　　　　2010 年度方差齐性检验与均值 T 检验

变量	齐性/非齐性	方差齐性检验		均值 T 检验				
		F	Sig.	t	df	Sig. (2-tailed)	平均差	标准误差
TIDC	齐性	1.357	0.247	-1.268	100	0.208	-0.11556	0.09116
	非齐性			-1.249	89.353	0.215	-0.11556	0.09252
TII	齐性	5.200	0.025	-1.188	100	0.238	-0.24405	0.20547
	非齐性			-1.150	78.895	0.254	-0.24405	0.21230
TIO	齐性	1.364	0.246	0.477	100	0.634	0.07057	0.14789
	非齐性			0.511	77.647	0.611	0.07057	0.13813
TIT	齐性	2.392	0.125	-1.561	100	0.122	-0.38023	0.24355
	非齐性			-1.449	55.653	0.153	-0.38023	0.26232

资料来源：根据相关实证分析数据整理。

2. 面板数据分析

表 6-24 列示了运用面板数据对控制权激励与声誉激励互补效应进行分析的结果。其中，模型 I 与模型 II 分别是单独加入控制权激励变量（CI）与声誉激励变量（RI）的结果，模型 III 是同时加入控制权激励（CI）、声誉激励（RI）变量以及两者交互项（CI×RI）的结果。每一列都展示了固定效应（Fix Effect）与随机效应（Random Effect）两种结

果，经过 Hansman 检验可知，这三个模型均应该选择随机效应模型，其中第 I 列与第 III 列是 Chi2 < 0，第 II 列是 prob > 0.05，这些条件均符合随机效应模型。

表 6-24　　控制权激励与声誉激励互补效应分析结果

变量	Model I 固定效应（FE）	Model I 随机效应（RE）	Model II 固定效应（FE）	Model II 随机效应（RE）	Model III 固定效应（FE）	Model III 随机效应（RE）
解释变量：						
CI	0.2136 (0.81)	0.7351 (1.61)			-0.0069 (-0.02)	1.0320*** (3.00)
RI			-0.0006 (-0.00)	0.3856 (1.42)	-0.0421 (-0.14)	0.3325* (1.68)
交互项：						
CI × RI					-3.6544 (-0.83)	6.8040* (1.81)
控制变量						
CR	-0.2610 (-1.59)	-0.1164 (-0.71)	-0.2693 (-1.60)	-0.1824 (-1.13)	-0.2639 (-1.57)	-0.0922 (-0.56)
OW	-0.1315 (-1.49)	-0.0713 (-1.01)	-0.1279 (-1.45)	-0.0769 (-1.10)	-0.1324 (-1.49)	-0.0858 (-1.20)
PLU	-0.0602 (-0.61)	0.0521 (0.76)	-0.0568 (-0.58)	0.0477 (0.69)	-0.0623 (-0.63)	0.0564 (0.83)
IB	0.4506 (0.77)	-0.0359 (-0.08)	0.4603 (0.79)	0.0645 (0.14)	0.4613 (0.79)	-0.0197 (-0.04)
Size	0.0739 (1.40)	0.1132*** (2.63)	0.0685 (1.33)	0.0853** (2.06)	0.0758 (1.43)	0.1103*** (2.51)
Grow	-0.0297 (-0.57)	0.0002 (0.00)	-0.0325 (-0.63)	-0.0106 (-0.22)	-0.0336 (-0.64)	0.0097 (0.19)
LEV	0.0803 (0.44)	-0.0609 (-0.54)	0.1308 (0.80)	0.0778 (0.79)	0.0666 (0.35)	0.0138 (0.12)
ROA	-0.5668 (1.65)	-0.5157 (-1.28)	-0.6133* (-1.79)	-0.6173 (-1.58)	-0.6119* (-1.81)	-0.4815 (-1.27)
R^2	0.0612	0.1213	0.0599	0.0438	0.0631	0.2129

续表

变量	Model Ⅰ		Model Ⅱ		Model Ⅲ	
	固定效应（FE）	随机效应（RE）	固定效应（FE）	随机效应（RE）	固定效应（FE）	随机效应（RE）
ΔR^2（与Ⅰ相比）					0.019	0.0916
ΔR^2（Ⅱ相比）					0.032	0.1691
F/Wald 检验	F = 1.10 P = 0.3636	Wald = 14.28 P = 0.1605	F = 1.10 P = 0.3659	Wald = 10.03 P = 0.4378	F = 1.01 P = 0.4374	Wald = 27.54 P = 0.0358
Hausman 检验	chi2 < 0（采用 RE）		Prob > 0.5（采用 RE）		chi2 < 0（采用 RE）	

注：同表6-13。
资料来源：根据相关实证分析数据整理。

具体到每一个模型，由第Ⅰ列的随机效应模型回归结果可知，单独使用控制权对技术创新动态能力并没有显著性影响，由第Ⅱ列的随机效应回归结果可知，单独使用声誉激励对技术创新动态能力也没有显著影响。然而，如第Ⅲ列的随机效应模型所示，当将两者均加入模型，同时也加入了两者的交互项（CI×RI）之后，控制权激励变量在0.01的水平上显著，声誉激励变量在0.1的水平上显著，并且两者的交互项在0.1的水平上显著为正，模型整体也有效（Wald = 27.54，P = 0.0358）。由 ΔR^2 为0.1691可知，模型Ⅲ对于技术创新动态能力的解释力度增大。由此可知，在对技术创新动态能力进行影响的过程中，控制权激励与声誉激励之间存在显著的互补效应，单独使用一种激励契约均不能对动态创新能力产生明显的促进作用，需要两者的合理配置才能实现协同效应。因此，假设6-4得到验证。

综上所述，本节运用实证研究方法，对高管激励隐性契约配置方式对技术创新动态能力的影响进行比较，继而对控制权激励与声誉激励之间的交互关系进行实证检验，得出以下结论：第一，采用复合型隐性激励契约与采用单一型隐性激励契约的高科技上市公司相比较，技术创新动态能力具有显著差异，前者明显高于后者；第二，从技术创新动态能力的构成维度来看，复合型隐性激励契约对于技术创新投入转化能力的影响更为显著；第三，控制权激励与声誉激励在对高科技上市公司技术创新动态能力作用的过程中具有协同效应，两者的有机整合才能对技术创新动态能力产生显著的促进作用。

6.4
四种激励契约整合对技术创新能力影响的实证检验

显性激励与隐性激励两类激励契约由于具有不同的特性与激励机理，对于技术创新动态能力所产生的影响效应也不同，两者的整合能否对技术创新产生更为显著的促进效应？本节运用中国高科技上市公司的平衡面板数据，对显性契约与隐性激励契约的配置方式对技术创新动态能力的影响进行比较，继而对薪酬激励、股权激励与控制权激励，以及薪酬激励、股权激励以及声誉激励的三维交互效应进行实证检验。

6.4.1 理论分析与研究假设

1. 全面复合型激励契约与非全面复合型激励契约比较

如前文所的结论可知，复合型显性激励契约方式与单一型显性激励契约方式相比，更有利于上市公司技术创新动态能力的构建，而复合型隐性激励契约配置方式与单一型隐性激励契约方式相比，也更加有利于上市公司技术创新动态能力的构建。从技术创新动态能力的构成维度来看，复合型显性激励配置方式对于上市公司技术创新投入能力与技术创新产出能力具有更为显著的影响，而复合型隐性激励契约配置方式则对于上市公司技术创新的转化能力具有更为明显的作用。因此，倘若能够将上述全部激励契约整合起来进行配置，发挥每种激励契约的优点，便能够对上市公司技术创新动态能力的构建起到更好的作用。由此可知，采用全面复合型激励契约配置方式（即选择全部的激励契约，包括薪酬激励、股权激励、控制权激励、声誉激励）的上市公司，与采用非全面复合型激励契约方式（即缺失上述一种或几种激励契约）的上市公司相比，应该具有更好的技术创新动态能力。由此提出以下假设：

假设6-5：采用全面复合型激励契约与采用非全面隐性激励契约的上市公司相比较，技术创新动态能力具有显著差异，前者明显高于后者。

2. 薪酬激励、股权激励与控制权激励的三维交互效应

在对技术创新产生影响的过程中，并非是单一激励机制的作用。薪酬激励的作用激励是"将高管当期收益与公司的短期绩效相结合"，而股权激励的作用机理可以总结为"将高管中长期收益与公司的中长期价值相结合"。因此，上述两种激励契约解决的是高管的收益，尤其是物质报酬问题。而相对于显性激励契约，隐性激励契约则更多地倾向于使高管获得非物质性报酬。控制权激励的作用机理是"将高管的特定权利与公司的长期存在相结合"。也就是说，高管拥有的这些特权是与他在该公司中的职位相联系的，公司能够长期存在，并且高管能够为公司的长期存在做出贡献，才能维持现有职位甚至晋升到更高的职位，因而高管为了获得这些特权，会为公司的长期存在做出一定的贡献，控制权激励就会发挥相应的激励效应。因此，股权激励、薪酬激励与控制权激励等激励契约之间具有三维交互效应，即三者的整合对技术创新产生促进作用。

具体而言，从三种激励契约的特点及基本作用机制出发，薪酬激励（上市公司普遍采用的是年薪制）作为中短期激励，股权激励作为长期激励，两者应具有互补的关系。控制权激励的效用则表现在两方面：一是控制权本身体现个人成就感与能够拥有权力的满足[1]；二是控制权所带来的收益，高管拥有的控制权，尤其是剩余控制权越多，就越能够享

---

[1] 黄慧群：《控制权作为企业家的激励约束因素：理论分析及现实解释意义》，载《经济研究》2000年第1期，第41~47期。

受到诸多有形或无形的在职消费，可以说这是一种隐性的货币薪酬[①]。由此可知，控制权第一种效用与股权激励的效用类似，冯根福、赵珏航（2012）通过理论模型分析与实证分析证实了管理层持股比例与在职消费之间的替代关系[②]。而第二种效用与薪酬激励的效用相仿。据此推断，控制权激励与股权激励、薪酬激励之间均存在互替效应。因此，提出以下假设：

假设6-6：在对技术创新动态能力作用的过程中，薪酬激励、股权激励与控制权激励之间具有三维交互效应，即三者的整合能够对技术创新动态能力产生更好的促进效应。

3. 薪酬激励、股权激励与声誉激励的三维交互效应

由前文可知，由于管理层权力的存在，不论是薪酬激励，还是股权激励，均具有双重效应，即一方面可以将高管利益与公司利益相结合，产生利益趋同效应，而另一方面又可能将高管个人利益置于公司利益之上，寻求高管个人的有利地位，从而产生壕沟效应。而在实践中，壕沟效应经常使薪酬激励与股权激励失去效用，比如，在国内外都出现过与公司绩效严重脱钩的高管天价薪酬，也有过导致高管进行盈余管理、甚至财务造假进而粉饰财务报表以获得高额回报的股票期权。而上述激励契约的失效，除公司治理约束机制的不完善之外，对于声誉激励的忽视也可以说是一个重要原因。

声誉激励可以通过加强高管对于其长期维护的声誉的重视，从而确保薪酬激励与股权激励的合理合规性。具体而言，为了维护其长期建立起来的声誉，高管便会增强技能、改善态度、努力工作，减少机会主义行为，这是声誉激励发挥作用的原理。声誉激励的作用机理是"将对高管个人的认同与公司的持续成长相结合"。一家公司如果能够健康良好

[①] 姜付秀、黄继承：《经理激励、负债与企业价值》，载《经济研究》2011年第5期，第46~60页。

[②] 冯根福、赵珏航：《管理者薪酬、在职消费与公司绩效——基于合作博弈的分析视角》，载《中国工业经济》2012年第6期，第147~160页。

地持续成长，那么人们对于该公司的高管的个人能力以及努力的累计正面评价就会越来越多，也即对高管个人的认同会随之增加，从而提升高管的声誉资产，达到对其进行激励的目的。由前文实证结果可知，包含股权激励在内的显性激励契约配置方式对于技术创新投入能力与技术创新产出能力具有较好的促进作用，而包括声誉激励在内的隐性激励契约配置方式对于技术创新转化能力具有更加显著的影响，两者对于技术创新动态能力的构成维度有着不同的侧重，而将两者结合起来，必将对技术创新动态能力产生更为显著的促进效应。因而提出以下假设：

假设6-7：在对技术创新动态能力作用的过程中，薪酬激励、股权激励与声誉激励之间具有三维交互效应，即三者的整合能够对技术创新动态能力产生更好的促进效应。

6.4.2 研究方法与研究模型

1. 独立样本 T 检验

本书首先将高科技上市公司分成两组，一组是采用全面复合型高管激励契约配置方式（即采用全部激励契约，包括薪酬激励、股权激励、控制权激励与声誉激励）的上市公司，另一组是采用非全面复合型激励契约配置方式（即缺失上述一种或几种激励契约）的上市公司。然后将前者作为实验组，后者作为控制组，运用独立样本 T 检验，检验两组样本的技术创新动态能力及其各个维度的均值是否具有显著差异，完成假设6-5的验证。

2. 面板数据模型

（1）薪酬激励、股权激励与控制权激励的三维交互模型。相对于横截面数据或混合数据分析，面板数据分析能够解决由不随时间变化的遗漏变量所产生的内生性问题，并且能够克服前者较易出现的误差项序列相关性与异方差性等问题。因此，本书采用面板数据分析来对参数进行估计。基本模型设计如下：

$$TIDC_{i,t} = \alpha + u_i + b_1 EI_{i,t} + b_2 MI_{i,t} + b_3 CI_{i,t} + b_4 OW_{i,t} + b_5 CR_{i,t} + b_6 PLU_{i,t}$$
$$+ b_7 IB_{i,t} + b_8 Size_{i,t} + b_9 Grow_{i,t} + b_{10} Lev_{i,t} + b_{11} ROE_{i,t} + e_{i,t}$$

为了检验股权激励、薪酬激励与控制权激励之间的关系，引入三个两两交互项以及三者的乘积项（已去中心化处理）。对于两两交互项而言，若交互项回归系数显著为正，则一个变量的边际效应随着另一变量的增加而递增，即两者之间存在一种互补关系；反之，若交互项回归系数显著为负，则一个变量的边际效应随着另一变量的增加而递减，即两者之间存在一种互替（冲突）关系。而若三者的乘积项显著，且该模型的 R^2 值与基本模型的 R^2 值相比有较大的增加量，则说明三者之间具有三维调节关系。加入交互项的模型设计如下：

$$TIDC_{i,t} = \alpha + u_i + b_1 EI_{i,t} + b_2 MI_{i,t} + b_3 CI_{i,t} + b_4 EI_{i,t} \times MI_{i,t} + b_5 EI_{i,t} \times CI_{i,t}$$
$$+ b_6 MI_{i,t} \times CI_{i,t} + b_7 EI_{i,t} \times MI_{i,t} \times CI_{i,t} + b_8 OW_{i,t} + b_9 CR_{i,t}$$
$$+ b_{10} PLU_{i,t} + b_{11} IB_{i,t} + b_{12} Size_{i,t} + b_{13} Grow_{i,t} + b_{14} Lev_{i,t}$$
$$+ b_{15} ROE_{i,t} + e_{i,t}$$

（2）薪酬激励、股权激励与声誉激励的三维交互模型。同样采用面板数据分析来对参数进行估计，基本模型设计如下：

$$TIDC_{i,t} = \alpha + u_i + b_1 EI_{i,t} + b_2 MI_{i,t} + b_3 RI_{i,t} + b_4 OW_{i,t} + b_5 CR_{i,t} + b_6 PLU_{i,t}$$
$$+ b_7 IB_{i,t} + b_8 Size_{i,t} + b_9 Grow_{i,t} + b_{10} Lev_{i,t} + b_{11} ROE_{i,t} + e_{i,t}$$

为了检验股权激励、薪酬激励与声誉激励之间的关系，本书引入三个两两交互项以及三者的乘积项（已去中心化处理）。加入交互项的模型设计如下：

$$TIDC_{i,t} = \alpha + u_i + b_1 EI_{i,t} + b_2 MI_{i,t} + b_3 RI_{i,t} + b_4 EI_{i,t} \times MI_{i,t} + b_5 EI_{i,t} \times RI_{i,t}$$
$$+ b_6 MI_{i,t} \times RI_{i,t} + b_7 EI_{i,t} \times MI_{i,t} \times RI_{i,t} + b_8 OW_{i,t} + b_9 CR_{i,t}$$
$$+ b_{10} PLU_{i,t} + b_{11} IB_{i,t} + b_{12} Size_{i,t} + b_{13} Grow_{i,t} + b_{14} Lev_{i,t}$$
$$+ b_{15} ROE_{i,t} + e_{i,t}$$

在上述模型中，i 表示横截面的个体，t 表示时间，α 表示截距项，$b_i(i=1, 2, \cdots)$ 为模型回归系数，$e_{i,t}$ 表示随机干扰项。数据基本分析使用的是 SPSS16.0，面板数据分析采用的是 Stata10.0。

6.4.3 实证结果分析与讨论

1. 分组 T 检验结果

由表 6-25 的分组统计量可知，控制组（即采用非全面复合型激励契约配置方式的上市公司）为 319 个样本，实验组（即采用全部复合型高管激励配置方式的上市公司）仅为 89 个样本，前者技术创新动态能力（TIDC）的均值是 -0.0392，后者则达到 0.1405，后者要远远高于前者。再由表 6-26 所示的方差齐性检验结果，F 值为 11.905，Sig. 为 0.001，因此应选择方差非齐性时的 t 检验结果，即 t 等于 -2.671，Sig. 为 0.009，小于 0.05，则拒绝"两组均值无显著差异"的原假设，可认为控制组与实验组的技术创动态能力（TIDC）均值存在显著的差异。并且实验组的技术创动态能力均值要明显高于控制组，即采用全面复合型激励契约与采用非全面复合型激励契约的高科技上市公司相比较，技术创动态能力具有显著差异，前者明显高于后者。假设 6-5 得到验证。

表 6-25　　　　　　　　总体样本分组统计量

因变量	组别	数量	平均值	标准差	标准误
技术创新投入能力（TII）	控制组	319	-0.0263	1.01011	0.05656
	实验组	89	0.0944	0.96250	0.10203
技术创新产出能力（TIO）	控制组	319	-0.0246	0.98937	0.05539
	实验组	89	0.0880	1.03814	0.11004
技术创新转化能力（TIT）	控制组	319	-0.1077	0.65086	0.03644
	实验组	89	0.3861	1.70332	0.18055
技术创新动态能力（TIDC）	控制组	319	-0.0392	0.47557	0.02663
	实验组	89	0.1405	0.58311	0.06181

资料来源：根据相关实证分析数据整理。

表6-26 总体样本方差齐性检验与均值T检验

变量	齐性/非齐性	方差齐性检验 F	Sig.	均值T检验 t	df	Sig. (2-tailed)	平均差	标准误差
TII	齐性	1.876	0.172	-1.007	406	0.314	-0.12074	0.11988
	非齐性			-1.035	146.560	0.302	-0.12074	0.11665
TIO	齐性	2.026	0.155	-0.939	406	0.348	-0.11255	0.11990
	非齐性			-0.914	135.835	0.363	-0.11255	0.12320
TIT	齐性	20.540	0.000	-4.203	406	0.000	-0.49388	0.11750
	非齐性			-2.681	95.272	0.009	-0.49388	0.18419
TIDC	齐性	11.905	0.001	-2.994	406	0.003	-0.17976	0.06004
	非齐性			-2.671	122.525	0.009	-0.17976	0.06730

资料来源：根据相关实证分析数据整理。

2. 实证检验结果分析与讨论

（1）薪酬激励、股权激励与控制权激励的三维交互效应分析结果。表6-27示列了运用中国高科技公司面板数据进行多元回归以及Hausman检验的结果。其中，模型Ⅰ仅加入控制变量，模型Ⅱ加入了控制变量与解释变量，每一个模型均报告了固定效应模型与随机效应模型的分析结果。由模型Ⅰ可知，应选择随机效应模型（P = 0.2647 > 0.05），但整体模型不显著（Wald = 8.45，P = 0.4900）。通过随机效应模型结果可知，控制变量中仅公司规模变量（Size）显著，其他变量均不显著，且R^2为0.0458。模型Ⅱ加入了股权激励（EI）、薪酬激励（MI）与控制权激励（CI）等解释变量，通过Hausman检验确定选择随机效应模型（chi2 < 0），且模型显著（Wald = 21.39；P = 0.045），Wald值也有所增加，解释变量MI与CI均显著为正，EI不显著。R^2值也有所提高，ΔR^2为0.0661。

表 6-27 薪酬激励、股权激励与控制权激励的三维交互效应分析结果

变量	Model Ⅰ 固定效应 (FE)	Model Ⅰ 随机效应 (RE)	Model Ⅱ 固定效应 (FE)	Model Ⅱ 随机效应 (RE)	Model Ⅲ 固定效应 (FE)	Model Ⅲ 随机效应 (RE)
控制变量:						
CR	-0.2693	-0.1772	-0.2524	-0.0843	-0.2337	-0.0545
OW	-0.1279	-0.0699	-0.1327	-0.0633	-0.1323	-0.0563
PLU	-0.0568	0.0469	-0.0637	0.0538	-0.0799	0.0671
IB	0.4603	0.0185	0.4414	-0.0733	0.5045	-0.1531
Size	0.0685	0.0892**	0.0668	0.0932	0.0785	0.0848
Grow	-0.0325	-0.0131	-0.0284	0.0085	-0.0233	0.0150
LEV	0.1308	0.0591	0.0674	-0.0604	-0.0058	0.0094
ROE	-0.6134*	-0.6272	-0.5823*	-0.5828	-0.6461**	-0.4795
解释变量:						
EI			-0.0476	-0.0019	1.0268**	0.6282**
MI			0.0242	0.0573**	0.0110	0.0544*
CI			0.2087	0.6930**	0.1182	0.9825*
交互项:						
EI×MI					0.4200*	0.3282*
EI×CI					-7.7674**	-4.2805*
MI×CI					-49.3850	-105.634*
EI×MI×CI					-1168.0810	-1257.204**
R^2	0.0599	0.0458	0.0623	0.1119	0.0892	0.1670
ΔR^2			0.0024	0.0661	0.0296	0.0551
F/Wald 检验	F=1.20 P=0.2979	Wald=8.45 P=0.4900	F=0.93 P=5159	Wald=21.39 P=0.045	F=1.41 P=0.1400	Wald=32.43 P=0.0088
Hausman 检验	chi2=10.00 P=0.2647>0.05 (采用 RE)		chi2<0 (采用 RE)		chi2<0 (采用 RE)	

注：***、**、*分别表示1%、5%、10%的显著性水平；Hausman 检验：P 大于 0.05 则接受原假设，意味着模型为随机效应模型（RE）；否则拒绝原假设，采用固定效应模型（FE）；对 Hausman 设定检验无法判别的模型，采用随机效应模型（RE）；本表未报告常数项。

资料来源：根据相关实证分析数据整理。

在模型Ⅲ中，除加入解释变量之外，也加入了两两交互项以及三者的

乘积项。由 Hausman 检验结果可知，应采用随机效应模型（chi2 < 0），且模型亦显著（Wald = 32.43；P = 0.0088），Wald 值也有所增加。更为明显的是，R^2 值为 0.1670，ΔR^2 为 0.0551，这一点充分说明了调节效应的显著性。然后从变量的显著性变化可知，股权激励与薪酬激励的交互项（EI × MI）、股权激励与控制权激励的交互项（EI × CI）、薪酬激励与控制权激励的交互项（MI × CI）、均在 0.1 的显著性水平上显著，三者的交互项 EI × MI × CI 在 0.05 的显著性水平上显著。同时，包括股权激励在内的三种激励契约变量均显著为正，说明三者具有三维调节关系，即在三种高管激励契约的交互作用之下，薪酬激励、股权激励与控制权激励均能够对上市公司的技术创新动态能力产生显著的促进效应。

从两两交互项的符号来看，股权激励与薪酬激励的交互项（EI × MI）显著为正，而薪酬激励与控制权激励（MI × CI）以及股权激励与控制权激励的交互项（EI × CI）显著为负。这说明，股权激励的边际效应随着薪酬激励的增加而递增，两者之间存在互补关系，而股权激励的边际效应随着控制权激励的增加而递减，两者之间存在互替关系，薪酬激励的边际效应也随着控制权激励的增加而递减，两者之间存在互替效应。

（2）薪酬激励、股权激励与声誉激励的三维交互效应分析结果。如表 6-28 所示，模型 I 仅加入控制变量，模型 II 加入了控制变量与解释变量，每一个模型均报告了固定效应模型与随机效应模型的分析结果。模型 I 与前文相同，这里不再赘述。模型 II 加入了股权激励（EI）、薪酬激励（MI）与声誉激励（RI）等解释变量，通过 Hausman 检验确定选择固定效应模型（P < 0.05），但模型并不显著（F = 0.93；P = 0.5351），解释变量股权激励（EI）、薪酬激励 MI）与声誉激励（RI）也均不显著。

在模型Ⅲ中，除加入解释变量之外，也加入了两两交互项以及三者的乘积项。由 Hausman 检验结果可知，应采用随机效应模型（chi2 < 0），且模型亦显著（Wald = 50.43；P = 0.0000），Wald 值也有所增加。同

表6-28　薪酬激励、股权激励与声誉激励的三维交互效应分析结果

变量	Model Ⅰ 固定效应(FE)	Model Ⅰ 随机效应(RE)	Model Ⅱ 固定效应(FE)	Model Ⅱ 随机效应(RE)	Model Ⅲ 固定效应(FE)	Model Ⅲ 随机效应(RE)
控制变量：						
CR	-0.2693	-0.1772	-0.2592	-0.1487	-0.1327	-0.1782
OW	-0.1279	-0.0699	-0.1288	-0.0699	-0.3031	-0.0724
PLU	-0.0568	0.0469	-0.0605	0.0467	-0.0483	0.0523
IB	0.4603	0.0185	0.4463	0.0240	0.3343	-0.0368
Size	0.0685	0.0892**	0.0605	0.0650	0.0611	0.0623
Grow	-0.0325	-0.0131	-0.0306	-0.0013	-0.0270	0.0050
LEV	0.1308	0.0591	0.1147	0.0665	0.1177	0.0764
ROE	-0.6134*	-0.6272	-0.6323*	-0.6765*	-0.6095*	-0.6665*
解释变量：						
EI			-0.0388	0.0251	0.0699	0.1657*
MI			0.0269	0.0588**	0.0195	0.0521*
RI			-0.0358	0.3370	0.0842	0.4503*
交互项：						
EI × MI					0.2486	0.3451*
EI × RI					1.7542	2.0379*
MI × RI					-0.4222*	-0.3841*
EI × MI × RI					-2.9252	-5.0926**
R^2	0.0599	0.0458	0.0611	0.0400	0.0701	0.1042
ΔR^2			0.0012	-0.0058	0.0102	0.0642
F/Wald 检验	F=1.20 P=0.2979	Wald=8.45 P=0.4900	F=0.93 P=0.5131	Wald=16.61 P=0.1648	F=0.92 P=0.5403	Wald=50.43 P=0.0000
Hausman 检验	chi2=10.00 P=0.2647>0.05 (采用RE)		chi2=20.57 P=0.0381<0.05 (采用FE)		chi2<0 (采用RE)	

注：同表6-27。
资料来源：根据相关实证分析数据整理。

时，模型Ⅲ的 R^2 值为0.1042，ΔR^2 为0.0642，这充分说明模型Ⅲ对于被解释变量的解释力度有所加强，验证了调节效应的显著性。从变

量的显著性变化可知，股权激励与薪酬激励的交互项（EI×MI）、股权激励与声誉激励的交互项（EI×RI）、薪酬激励与声誉激励的交互项（MI×RI）均在 0.1 的显著性水平上显著，三者的交互项 EI×MI×CI 在 0.05 的显著性水平上显著。同时，薪酬激励（MI）、股权激励（EI）、声誉激励（RI）三种激励契约变量均显著为正，说明三者具有三维调节关系，即在三种高管激励契约的交互作用之下，薪酬激励、股权激励与声誉激励均能够对上市公司的技术创新动态能力产生显著的促进效应。

从两两交互项的符号来看，股权激励与薪酬激励的交互项（EI×MI）显著为正，与前文研究结论相一致，股权激励与声誉激励（EI×RI）的交互项显著为负，薪酬激励与声誉激励的交互项（MI×RI）显著为负。这说明，股权激励与声誉激励之间具有显著的互补效应，而薪酬激励与声誉激励之间具有显著的互替效应。因此，对于高科技上市公司而言，为促进技术创新动态能力的构建，在强化股权激励的同时，也应该加强声誉激励对高管的激励与约束作用，从而保证股权激励制定与实施的合理性与合规性，同时也可以通过加强声誉激励，适当降低薪酬激励水平，将薪酬真正与公司绩效联系起来，并发挥声誉激励对于薪酬激励的替代效应。

本 章 小 结

本章在激励周期、报酬性质、决定因素、过程明确性、激励相容路径等维度对不同高管激励契约的特征及作用机理进行比较，并在此基础上构建了高管激励契约整合模型，并对高管激励契约的整合机理进行系统阐释。运用中国高科技上市公司的平衡面板数据，对高管激励契约对技术创新动态能力的整合效应进行实证检验，得出以下结论：

第一，采用复合型显性激励契约配置方式与采用单一型显性激励契约配置方式的上市公司相比较，技术创新动态能力具有显著差异，前者明显高于后者；从技术创新动态能力的构成维度来看，复合型显性激励契约对于技术创新投入能力与技术创新产出能力的影响更为显著；薪酬激励与股权激励在对上市公司技术创新动态能力作用的过程中具有协同效应，两者的有机整合才能对技术创新动态能力产生显著的促进作用。

第二，采用复合型隐性激励契约配置方式与采用单一型隐性激励契约配置方式的上市公司相比较，技术创新动态能力具有显著差异，前者明显高于后者；从技术创新动态能力的构成维度来看，复合型隐性激励契约对于技术创新投入转化能力的影响更为显著；控制权激励与声誉激励在对上市公司技术创新动态能力作用的过程中具有协同效应，两者的有机整合才能对技术创新动态能力产生显著的促进作用。

第三，采用全面复合型激励契约配置方式与采用非全面隐性激励契约配置方式的上市公司相比较，技术创新动态能力具有显著差异，前者明显高于后者。在对技术创新动态能力作用的过程中，薪酬激励、股权激励与控制权激励之间具有三维交互效应，即三者的整合能够对技术创新动态能力产生更好的促进效应。薪酬激励、股权激励与声誉激励之间也具有三维交互效应。

第7章

技术创新导向的高管激励契约整合实现机制

本章运用前文的理论与实证研究结论,结合上市公司实践,构建技术创新导向的高管激励契约整合实现机制。并以该机制为基础,对技术创新导向的高管激励契约设计与基于多层次情境因素的高管激励契约配置进行系统阐述,以期为中国上市公司构建价值创造导向的高管激励契约体系提供有益参考。

7.1 模型构建与机制描述

由前文的理论与实证研究可知,不同的高管激励契约具有不同的特性与作用机理,而单一使用一种激励契约难以对上市公司技术创新动态能力构建产生促进效应,需要多种激励契约的整合。本书根据相关研究结论,构建技术创新导向的高管激励契约整合实现机制,如图 7-1 所示。

高管激励契约整合的技术创新促进效应实现的基本运作机制之一是进行技术创新导向的高管激励契约设计——即将技术创新动态能力及其三个构成维度加入高管绩效评价指标体系,并以此为核心,对高管的薪

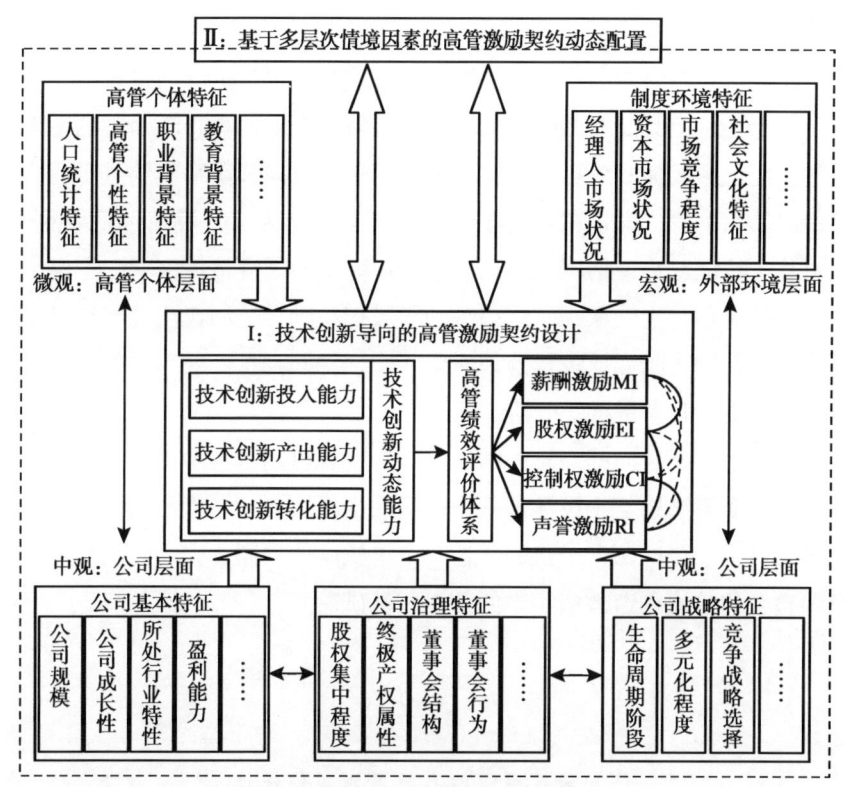

第7章 技术创新导向的高管激励契约整合实现机制

图7-1 技术创新导向的高管激励契约整合实现机制

注：连接激励契约之间的实线代表互补效应，虚线代表互替效应。

资料来源：作者根据相关文字资料整理。

酬激励、股权激励、控制权激励及声誉激励进行设计。如图所示，上述高管激励契约之间具有显著的交互效应，连接它们之间的实线代表互补效应，虚线代表互替效应。由此可知，薪酬激励与控制权激励分别是两条虚线，一条实线的交点，而股权激励与声誉激励分别是两条实线，一条虚线的交点。这在一定程度上表明，股权激励与声誉激励对于高管激励整合体系的贡献相对于薪酬激励与控制权激励要更多一些。并且，由实证检验结果可知，股权激励与声誉激励对于技术创新动态能力构建的作用更加显著。因此，技术创新动态能力构建导向的高管激励契约整合机制的基本原则之一是弱化薪酬激励与控制权激励，强化股权激励与声誉激励。

此外，对不同的高管激励契约进行合理配置也是价值创造效应实现的必要途径。因此，需要建立基于多层次情境因素的高管激励契约动态配置机制，形成随着各层次情境因素的变化而对高管激励契约进行合理配置的动态配置，即旨在探讨在不同层次的情境因素（高管团队特征、公司基本特征、治理情境因素、战略情境因素与制度情境因素）影响之下，显性激励与隐性激励、薪酬激励与股权激励、控制权激励与声誉激励等激励契约之间如何进行合理配置并实现协同，从而获得对技术创新动态能力更为显著的促进效应。

由技术创新导向的高管激励契约整合实现机制示意图可知，技术创新导向的高管激励契约设计与基于多层次情境因素的高管激励契约动态配置是最为重要的两个子机制。这两个子机制的共同运作，是高管激励契约整合的价值创造效应实现的前提与基础。

7.2 技术创新导向的高管激励契约设计

单个治理机制边际效用递减，甚至会产生因过度使用而导致的负面作用，其实际达到的经济效率总是次优的。由该原理推断，单个激励机制的边际效应也呈递减趋势。从理性决策的视角看，高管的风险决策和行为是否有利于企业价值的创造，取决于风险结果在委托人和代理人之间的分摊情况（黄再胜，2012）。这种分摊状态的平衡性与合理性难以用一种激励机制实现，需要不同激励机制的协同与整合。本书认为，在上市公司中，尤其是高科技上市公司中，应建立以技术创新动态能力构建为核心，强化股权激励与声誉激励，弱化薪酬激励与控制权激励的高管激励契约整合机制。通过高管显性激励契约与隐性激励契约的合理配置，发挥不同激励机制之间的协同效应，以凸显高管激励对技术创新的促进效应，规避其抑制效应。

1. 进行技术创新导向的高管绩效考核指标体系重构，即在该体系中加入技术创新动态能力及其三个构成维度指标

创新是现阶段企业发展的根本推动力，而技术创新动态能力的高低更是影响企业持续生存与稳定发展的决定性因素。鉴于高管激励对于技术创新动态能力的显著性影响，进行技术创新导向的高管激励契约设计是企业在实践中亟待解决的问题。虽然已有部分高科技上市公司，如通化金马（000766）选取"研发投入"这个指标作为股票期权激励的行权条件，并规定"2008~2010年三个考核年度的研发投入较上年度的增长率不低于10%"[①]。但由于技术创新的过程性、累积性与不确定性，研发投入仅仅是公司技术创新动态能力的一个维度，并不能全面衡量公司的技术创新能力。因此，应从促进技术创新的视角出发，将高管激励契约设计与技术创新动态能力的形成与提升相联系。

具体而言，应在高管绩效考核指标体系中加入技术创新投入、技术创新产出与技术创新转化等反映技术创新动态能力的相关指标，并将技术创新动态能力作为高管综合绩效的重要构成维度。此外，将这种创新性的指标体系应用于高管绩效评价的同时，也应使货币薪酬激励中的风险薪酬与其挂钩，股票期权的行权条件与限制性股票的解锁条件等也与其挂钩，从而引导公司战略决策能够更多地将资源向创新活动转移，以减少高管的短期行为。总之，在高科技公司内部进行技术创新导向的高管激励契约设计，积极引导高管支持技术创新的动机与行为，是不断提升公司的技术创新动态能力，为公司自主创新提供不竭源动力的重要途径。值得强调的是，技术创新动态能力的提升是一个长期性与系统性的任务，仅仅依靠高管激励契约配置对其的促进效应是远远不够的，应在高科技公司中构建支持创新的公司治理结构，为技术创新提供更为坚实的制度基础。

[①] 详情请参见《通化金马药业集团股份有限公司首期股票期权激励计划（草案）》（2008年4月25日）。

2. 强化股权激励对于技术创新动态能力的作用，优化股权激励契约结构设计并加强对股权激励实施过程的监督

自 2006 年《上市公司股权激励管理办法（试行）》实施以来，股权激励逐渐受到我国上市公司的青睐。股权激励的作用机理为通过授予高管一定数量的公司股票，使其拥有股票所带来的经济利益与权力，从而促进代理人利益与委托人利益相一致。而公司股票带来的这种利益与权力，使股权激励能够对控制权激励产生一定的替代作用。冯根福、赵珏航（2012）通过理论模型分析与实证分析证实了管理层持股比例与在职消费之间的替代关系。除了对上述物质层面的在职消费进行替代之外，股权激励也可以使高管在精神层面的成就与权力需要得到满足。而作为"金手铐"的股权激励，却能够通过设置激励期限与激励条件等约束性因素，为代理人提供一种约束机制，使激励与约束达到一种有机平衡（徐宁、徐向艺，2010）。因此，应强调股权激励对于技术创新动态能力的主导作用。

通过股权激励契约结构的优化，在高科技上市公司中突出强化技术创新的理念。在激励期限方面，应适当延长激励有效期、行权限制期、锁定期等，以更好地体现股权激励的长期性特征，以减少高管的短期行为，引导公司决策能够更多地将资源向创新活动转移。而在设计股权激励授予或行权条件时，应结合上市公司自身战略发展定位，将技术创新相关指标作为上市公司股权激励绩效条件的维度之一，并切实以业绩考核指标完成情况作为股权激励实施的条件，从而引导高管支持技术创新的动机与行为。

值得注意的是，直到如今，由于对丧失公司控制权风险的规避，部分民营中小公司一直未敢尝试股权激励，尤其是当国美控制权之争等事件发生之后，多数公司更加谨慎地看待股权激励的"双刃剑"效应。而我们发现，恰恰所有权与控制权对股权激励及其治理效应存在着重要的影响。这一点我们能从国美电器的控制权之争中清晰地看出。伴随着大股东与管理层之间的权力博弈，国美电器的股权激励强度与效应也发生了显著的变化。在大股东权力占据绝对优势的情况之下，国美电器并未推行股权激励计划，而当经营层权力逐步撼动大股东权力之时，股权激励计划才开始启动，但此时激励方案已经成为经营层掠夺权力的工具，偏离了其预期轨道。由其可知，经营层权力与终极控制人权力在股权激励实施具有不可忽视但又难以掌控的内在联系，这两类权力的制衡与配置对于上市公司股权激励的成败有着举足轻重的作用。综上所述，合理的权力配置，能够减少合作行为中的谈判成本与监督成本，也是股权激励制度发挥预期效应的前提与基础。上市公司不能依靠通过股权激励计划来实现权力的均衡，而应该通过主动地通过完善公司治理机制以及制度环境等对权力进行均衡地配置，从而更好发挥股权激励对于两类代理成本的抑制效应，实现一个良好的权力均衡配置循环。

因此，在上市公司中建立公司治理权力制衡体系，确保股权激励的正向作用并抑制其负向作用。现阶段，我国上市公司治理机制对高管权力的约束性还有待加强。应在上市公司中构建薪酬委员会、审计委员会等对高管具有监督作用的主体所构成的权力制衡体系，尽可能地防止高管机会主义行为，降低高管恶意操纵而获得过多控制权收益的动机与能力。而与此同时，诸多外部治理约束机制，如建立权威的公司信息披露质量评价体系、经理人声誉评价体系等对防止高管在信息披露过程中的恶意操纵行为也具有重要的抑制作用。因此，构建内外部治理机制相结合的公司治理权力制衡体系是高管股权激励实现其对技术创新的促进效应的重要保障。

3. 构建科学合理的经理人声誉评价与传递机制，充分发挥声誉激励对技术创新动态能力的促进效应

良好的声誉是高管持续获得控制权的保障，可以说，声誉激励作为另一种重要的隐性激励契约，与股权激励也是一种互补关系，与控制权激励是一种互补关系。相对于物质激励，这种满足感与成就感对于高管的激励作用更加强烈与持久。而如果想要这种感觉继续得到拓展，其影响力继续得以扩大，那么，就需要将这种感觉以及所带来的激励效应延伸到公司外部，如经理人市场。高管在经理人市场的声誉得到提升，控制权激励的积极作用也会相应得到大幅度增强。经理人市场为公司提供了广泛筛选、鉴别职业经理人候选人素质和能力的基础制度，一般是通过声誉显示的信号传递功能以及运用竞争效应形式构建市场选择与评价机制、市场控制机制来提供外部约束作用（徐宁，2012）。

而其中的声誉传递功能主要是通过构建声誉显示机制，通过经理人能力和努力程度的公开显示与评价，以防止经营者做出可能摧毁其未来职业生涯的行为。充分竞争的经理人市场拥有高效的声誉评价与传递机制，能够动态地显示高管的能力与努力程度，使其处于持续的自激励过程中。同时，这种显示与传递功能也应借助新闻媒体等的治理力量，以形成强大的舆论影响，使此功能的效果得到大幅加强。因此，在完善的经理人市场与科学的声誉评价体系之下，高管获得声誉激励将发挥更为积极的作用，对于技术创新的促进效应也会得到强化。

具体而言，可以通过以下措施来提供声誉激励效应：第一，建立高管年度声誉评价制度。公司制定针对高管分管业务、努力程度和综合素质的评价表，每年定期组织高层、中层和部分一线员工对高管进行评价，评价结果反馈给高管，并通过高管团队务虚会的方式，给予高管做出解释和说明的机会。通过这一制度使高管认知自身声誉，了解公司各层次同事对自己声誉的评价，通过强化高管组织认同感、减弱声誉扭曲获得心理满足，从而发挥声誉的激励作用。第二，建立公司传记体系，形成高管声誉载体。公司传记体系包括公司博物馆、《公司大事记》、《公司年鉴》、《公司影像志》等形式，通过这种具有承载和再现功能的传记体系记载公司的重要成果，间接的反映高管的成就和公司、员工等利益相关方对高管的认同。以此为高管声誉载体，给予高管有效的心理反馈，从而发挥声誉的激励作用。第三，发挥媒体的声誉激励作用。通过媒体建立行业性或区域性的高管排名榜，年度性和周期性的对获得市场认可的高管给予排序，并对典型高管的标杆性业绩和行为进行案例化报道，以此形成高管社会声誉评价平台，在社会层面的发挥声誉激励作用①。

4. 适度调节薪酬激励水平，加强高管薪酬激励与上市公司技术创新绩效之间的敏感度

节节攀升的高管薪酬、肆意扩大的管理层权力以及绩效与薪酬的脱钩，使对高管薪酬的各类负面评价被媒体不断推至风口浪尖。本书也通过实证检验证实，薪酬激励对于上市公司技术创新动态能力的构建并没有起到显著的作用，而需要与其他激励契约进行配合才能发挥作用。并且我们的结论也证实，除股权激励之外，控制权激励及声誉激励与薪酬激励之间均存在一种替代效应。因此，技术创新动态能力构建导向的高管激励契约整合机制应该以弱化薪酬激励为主。具体而言，在加强股权激励与声誉激励的同时，应对薪酬激励水平进行适度调节，并加强高管激励薪酬与上市公司技术创新绩效之间的敏感度。

高管薪酬业绩敏感度一直是薪酬激励研究的主要论题，但这种方式忽视了绩效或价值受到多种因素影响的属性以及高管操纵财务指标的动机与行为。因此，上市公司应从促进技术创新的视角出发，将高管的绩效薪酬与技术创新绩效指标相联系。而考虑到技术创新的过程性、累积性以及不确定性特征，此类技术创新绩效指标应不仅包括技术创新投入，还应该强化技术创新产出以及技术创新转化等指标。这样的薪酬激励契约才能够更好地与其他激励契约一起促进上市公司的技术创新。

尤其是对于国有控股公司而言，应适度科学地实施薪酬管制，并从薪酬结构与决定因素两方面入手提高高管薪酬的合理性。正如2015年9月13日《关于深化国有企业改革的指导意见》对国企负责人的薪酬结构进行了调整，由此前的基本年薪和绩效年薪两部分，改为基本年薪、绩效年薪和任期激励收入三部分构成，限制了国企高管基本年薪收入。这是对薪酬结构较为合理的修改。笔者建议，这三者的决定因素应各不相同，基本年薪应由行业、规模等因素决定，绩效年薪应由企业绩效决

---

① 王帅、徐宁：《公司高管声誉的三重激励效用及其实现途径——基于单案例的探索性研究》，载《经济与管理研究》2016年第2期：第124~131页。

定,当然,这里的绩效并不仅仅是财务绩效,也应该包括技术创新绩效,衡量绩效的指标也应该从单一型向多维型转变,如经济附加值(EVA)等。任期激励收入由工作年限等确定。

此外,在不同产权性质的公司中通过强化各个治理主体的有效制衡作用是提高高管薪酬激励合理性的关键途径之一。在国有控股公司中,应尽量发挥董事会与机构投资者等治理主体的监督与治理作用。提高董事会有效性,强化独立董事的尽职行为,发挥党组织对董事会的示范引领与监管作用,鼓励机构投资者进入董事会,或者以外部大股东的身份参与公司治理,形成董事会与机构投资者对管理层机会主义行为的有效监督。而在管理层权力较大的民营控股公司中,薪酬过高所带来的负面效应将会更加严重,在此种情境之下,可通过其他治理主体对管理层的监督与制约减少管理层权力滥用现象。

5. 将控制权激励力度控制在合理范围内,并尽量削弱控制权激励的消极性及其对技术创新的抑制效应

高明华(2011)根据2010年高管在职消费的相对值,将上市公司分为"激励过度"、"激励适中"与"激励不足"三个类别,分别拥有431家、863家与431家公司。在"激励过度"的公司中,ST北生(600556)的高管在职消费达到当年营业收入的28倍之多,南京熊猫(600775)与ST远东(000681)也分别达到了13倍与12倍。而目前ST北生的经营已基本瘫痪,陷入严重的财务危机。可见,在部分上市公司中,控制权激励过度的情况较为严重,这在一定程度上影响了上市公司技术创新动态能力的形成与提升。

由本书结论可知,由于控制权激励的双重性,激励风险普遍存在,倘若控制权激励超过一定范围,这种潜在风险便会带来严重后果。因此,将高管的控制权控制在合理范围之内,并对此类风险进行识别、分析与控制是控制权激励发挥积极作用的前提。但从现阶段国内外诸多公司的实践来看,高管激励所引致的风险还未真正纳入公司治理风险体系中,也未形成有效的高管激励风险治理体系。正如在近期席卷全球的金融危机中，公司董事会及其他监督主体在经理人薪酬治理过程与风险控制方面的低效率被广泛诟病。因此，应在上市公司中构建高效的公司高管激励风险治理体系，对高管激励的风险进行系统的管理与控制。

具体而言，该体系由公司内部的监督制衡体系与外部的信息披露体系共同构成。在公司内部，构建以薪酬委员会为主体的监督制衡体系，在控制激励风险的同时，尽可能地防止由高管权力激增而引致的大肆攫取控制权收益的行为。在公司外部，形成公开透明的高管激励信息披露体系，及时披露有关高管激励契约的信息，将高管激励的风险程度真实地展现在公司的利益相关者面前。这种内外部双重控制的高管激励风险治理体系，能够采用内外两大类途径与手段对控制权激励的消极效应进行规制，从而削弱由这种消极效应所引起的对技术创新动态能力的抑制作用。

7.3 基于多层次情境因素的高管激励契约动态配置

蓓特等（Baeten et al.，2011）将高管激励效应研究分为三种基本范式，控制范式（Control Paradigm），社会心理学范式（Social-psychological Paradigm）与适配范式（Fit Paradigm）[①]。其中，适配范式的主旨在于将高管激励与情境因素结合起来，构建一个高管激励研究的开放式体系，更关注在不同情境下高管激励效应的实现。以适配范式为基础，探讨在不同情境因素的调节效应之下高管激励契约与技术创新绩效的关系是对该领域的深化与拓展。因此，探讨并揭示在不同层次的情境因素影响之下，显性激励与隐性激励、短期薪酬激励与长期股权激励、控制权激励与声誉激励等激励契约之间如何进行合理配置并实现协同，是实

---

① Baeten X., Balkin D and Van den Berghe L. Beyond Agency Theory: A Three – Paradigm Approach to Executive Compensation. The IUP Journal of Corporate Governance, 2011, X (4): 8 – 36.

现技术创新导向的高管激励契约整合效应的另一个重要途径。根据理论演进与实践发展的要求，本书将情境因素一般分为三个层面：高管个体层面、公司层面（公司基本特征、公司治理特征与公司战略特征）与制度环境层面。

1. 基于高管个体层面情境因素的高管激励契约动态配置

高管个体层面的情境因素是较为微观的一个层面，一般以高管人口统计特征与个性特征、高管职业背景、高管教育背景等为主。比如，技术创新投入与技术创新产出的发生条件与主要决定因素有所不同，技术创新投入的高低主要取决于高管对于公司长期价值的关注程度及其风险偏好，而技术创新产出的高低则取决于高管对于技术创新过程的管理能力及其激发下属创新积极性的领导能力。

（1）以高管人口统计特征与个性特征为情境因素。高管人口统计特征，如年龄、性别等均会对高管激励契约配置产生影响。比如，高层管理者的年龄差异能在创新精神与战略决策上体现出来，年长的高管更注重职业稳定与收入安全，因此在做决策时会倾向于保守和规避风险[1]。而对于年轻的高管来说，其处于事业打拼期与上升期，精力体力充沛，更愿意根据市场环境的变化改变自己的战略和决策，喜欢尝试创新性的冒险行为[2]。高管的个性特征也决定了高管激励契约的有效性。比如，张维迎（2005）指出，一个经理人，越注重自己的信誉和市场上的名声，那么对显性激励的需求就越低[3]。这说明了高管在性格特征方面的不同，会直接影响不同激励契约的有效性。

（2）以高管职业背景为情境因素。不同的高管职业背景决定了高管的战略与投资偏好、处理信息的能力以及解决问题的方式，也影响了高管对于显性激励或者隐性激励的需求。不同职业背景的高管对技术创

---

[1] Taylor R. N. Age and Experience as Determinants of Managerial Information Processing and Decision Making Performance. Academy of Management Journal, 1975, 18 (1): 74–81.

[2] Bantel K. A., Jackson S. E. Top Management and Innovations in Banking: Does the Composition of the Top Team Make a Difference? Strategic Management Journal, 1989, 10 (S1): 107–124.

[3] 张维迎：《产权、激励与公司治理》，经济科学出版社2005年版。

新具有不同的认知偏好。周建等（2012）借鉴汉布里克和梅森（Hambrick and Mason, 1984）对不同职能的分类方法①，认为具有营销、设计与研发等"输出"职能的高管更加倾向于加强企业的技术创新。相反，具有财务等"转换职能"背景的高管则更容易从财务视角出发来考虑问题，通常采用财务指标来衡量投资决策的效果，而且更加关注如何进行风险规避，从而制定的投资决策倾向于保守。对于该类高管应该强化股权激励等长期激励契约，以增强他们对风险的承受能力，以有利于企业技术创新能力的提升。

（3）以高管教育背景为情境因素。有学者指出，一个人受教育水平的高低在一定程度上反映了其认知与分析问题的能力，从而影响企业的战略决策②。因此，高管的教育水平能够决定高管对信息的掌握能力、识别能力、认知能力与分析能力③。也有学者经实证检验发现，受教育程度较高的高管团队对研发活动更为重视，对不确定性具有更高的容忍程度，也更善于接受新事物④。具有高学历的高管能够正确理解企业技术创新投入决策所带来的风险及收益，因此在做 R&D 决策时会充分考虑到技术创新投入所带来的风险⑤。在显性激励契约机制下，高管的收益主要是来自一次性的年薪，这种激励方式不能为高管提供足够的动力进行技术创新投入。而在高管教育背景的作用之下，风险性考虑将会发挥更大的效应，高管的学历越高，其对风险的认识越为深刻，进而

---

① 汉布里克和梅森（Hambrick and Mason, 1984）将营销、设计与研发等定义为"输出职能"，将生产、流程开发与财务等定义为"转换职能"。

② Carpenter, M. A. and Westphal, J. D. The strategic context of external network ties: Examining the impact of director appointments on board involvement in strategic decision making. Academy of Management Journal, 2001, 44: 639 – 60.

③ Collins, G., Gardiner, P., Heaton, A., Macrosson, K. and Tait, J. The management of technology: An essential part of training for engineers and scientists. International Journal of Technology Management, 1991, 6: 568 – 93.

④ 韦小柯：《高层管理团队特征与企业 R&D 投入关系研究》，载《科学学研究》2006 年第 12 期：第 553~558 页。

⑤ 黄继承、盛明泉：《高管背景特征具有信息含量吗?》，载《管理世界》2013 年第 9 期，第 144~153 页。

会对技术创新投入可能会更加谨慎①。对于受教育程度较高的高管，对于自主权力以及事业方面的需求要更高，因此在进行高管激励契约设计时可能应该更加强调隐性激励契约的作用，以满足他们的尊重需要以及自我实现需要。

2. 基于公司层面情境因素的高管激励契约动态配置

公司层面的情境因素是中观层面的因素，一般以公司基本特征、公司治理特征以及公司战略特征为主。

（1）以公司基本特征为情境因素。公司规模、成长性、行业特性以及盈利能力均会对高管激励契约的配置产生影响。唐清泉，徐欣，曹媛（2009）以"研发支出除以年初总资产"作为因变量，经实证检验发现，上市公司股权激励与企业的研发活动显著正相关；在行业特征上，高新技术企业的股权激励能对研发投入产生更大的影响，小型企业具有技术创新优势，更注重研发投入。这些结果表明，股权激励是技术创新和企业可持续发展的动力②。徐宁，吴创（2015）基于线性与非线性分析的整合视角，运用中国民营中小上市公司2007~2012年的平衡面板数据，对高管激励契约与企业技术创新动力及路径选择的关联性进行实证检验，结果表明：高管薪酬激励与股权激励均能够对民营中小上市公司的技术创新动力产生正向影响；两类激励契约对于公司技术创新路经选择也具有显著影响，但两者的激励强度均与内部自主研发途径的选择倾向之间存在倒"U"型关系，而对于外部技术引进路径选择的影响并不显著③。因此，根据不同的公司规模、成长性及行业特性、盈利能力来对高管激励契约进行合理配置，是实现高管激励契约整合效应的重要保障。

---

① Laux V. Executive Pay, Innovation, and Risk – Taking. Journal of Economics & Management Strategy, 2015, 24（2）：275 – 305.

② 唐清泉、徐欣、曹媛：《股权激励、研发投入与企业可持续发展——来自中国上市公司的证据》，载《山西财经大学学报》2009年第8期，第77~84页。

③ 徐宁、吴创：《高管激励契约、技术创新动力与路径选择——来自民营中小上市公司的经验证据》，载《科技进步与对策》2015年第4期，第71~76页。

(2) 以公司治理特征为情境因素。公司治理情境因素包括股权结构因素、董事会治理因素等。其中,股权结构是对高管激励契约配置影响最为显著的治理情境因素。李春涛,宋敏(2010)利用中国制造业企业的调查数据,对不同所有制结构下 CEO 激励与技术创新的关系进行检验,结果发现,CEO 激励能够促进企业进行创新,但国有产权降低了激励对创新的促进作用[①]。夏芸,唐清泉(2011)以 2002~2006 年沪深上市公司为样本,研究了不同产权背景下高管薪酬与技术创新选择之间的关系。研究发现:高管股权激励越大,高管越倾向于自主创新;会计短期业绩越多,高管越倾向于技术引进;在中央控股的企业中,采取股权激励作为高管主要薪酬方式确实比会计短期业绩更有利于自主创新;地方国企的技术创新方式选择与高管薪酬的长短期激励方式有关;对于私有企业而言,高管薪酬对企业技术创新的影响并不明显[②]。徐宁,任天龙,吴创(2014)基于双重委托代理框架,构建了公司治理主体的权力博弈对股权激励的影响路径分析模型,并通过实证检验发现:经营层与终极控制人的权力博弈对股权激励强度及其双重效应均具有显著影响。具体而言,经营层权力对股权激励强度具有显著的正向影响,终极控制人权力则对其产生显著的负向影响,两者在对股权激励强度作用的过程中存在冲突,终极控制人权力对股权激励强度的负向作用更为强烈;股权激励对第一类代理成本具有显著的抑制效应,而在经营层权力与终极控制权力的双重调节效应下,这种抑制效应更为凸显;股权激励对第二类代理成本的作用并不显著,但这种作用过程同样受到来自经营层权力与终极控制人权力双重调节效应的显著影响[③]。这一结论在实践中能找到诸多典型案例,比如,从国美电器的控制权之争中清晰地看出。伴随着大股东与管理层之间的权力博弈,国美电器的股权激励

[①] 李春涛、宋敏:《中国制造业企业的创新活动:所有制和 CEO 激励的作用》,载《经济研究》2010 年第 5 期,第 55~67 页。

[②] 夏芸、唐清泉:《最终控制人、高管薪酬与技术创新》,载《山西财经大学学报》2011 年第 5 期,第 86~92 页。

[③] 徐宁、任天龙、吴创:《治理主体间的权力博弈影响了股权激励双重效应吗?——以民营中小上市公司为例》,载《经济评论》2014 年第 3 期,第 64~74 页。

强度与效应也发生了显著的变化。在大股东权力占据绝对优势的情况之下，国美电器并未推行股权激励计划，而当经营层权力逐步撼动大股东权力之时，股权激励计划才开始启动，但此时激励方案已经成为经营层掠夺权力的工具，偏离了其预期轨道。由其可知，经营层权力与终极控制人权力在股权激励实施上具有不可忽视但又难以掌控的内在联系，这两类权力的制衡与配置对于上市公司股权激励的成败有着举足轻重的作用。因此，在不同股权结构情境因素的影响下，选择不同的高管激励契约对于企业对技术创新途径的选择也不同，企业应该根据不同的股权结构，如股权集中度、股权属性、控股股东权力等，对高管激励契约进行动态配置。

(3) 以公司战略特征为情境因素。公司所处的生命周期阶段、公司的多元化战略与竞争战略选择是影响高管激励契约配置的公司战略情境因素。在公司建立初期，资金相对匮乏，对于高管团队核心成员的激励应该以股权激励等长期激励为主，并以声誉激励作为补充。而在公司成长阶段，则应该适度加强控制权激励的力度，授予高管某些特定的权力，使之能够感受到自主权与尊重的激励。对于多元化程度较高的企业，各战略业务单元的绩效也应该成为对高管进行激励以及激励契约选择的重要决定维度。此外，具体到竞争战略层面，如果一家企业采用的是成本领先战略，那么高管激励契约的选择应以激励成本低，激励作用持久的激励契约为主，而如果一家企业采用的是差异化战略，此时应该以能够加强高管自主权、并激发其创造性的激励契约为主。

3. 基于制度环境层面情境因素的高管激励契约动态配置

制度环境层面的情境因素是宏观层面的因素，一般以经理人市场状况、资本市场状况以及市场竞争程度为主。

(1) 以经理人市场状况为情境因素。经理人市场旨在克服由于信息不对称产生的逆向选择问题，并为公司提供了广泛筛选、鉴别职业经理人候选人素质和能力的基础制度，其核心是职业经理人的竞争选聘机制。因此，经理人市场的充分竞争，能够使职业经理人始终保持危机感，从而自觉地勤勉工作并约束自己的机会主义行为，可以有效弥补股权激励机制对经营者激励与约束效应的不足。经理人市场一般是通过声誉显示的信号传递功能以及运用竞争效应形式构建市场选择与评价机制、市场控制机制来提供外部约束作用。市场选择与评价机制是指构建一种由市场确定经理人价值的评价体系，并能通过市场竞争对不同能力与素质的经理人优胜劣汰，从而对经理人产生引导与约束作用，致使其在经营与管理过程中会考虑自身在经理人市场中的价值定位而避免采取投机、造假等行为。控制约束机制是指通过法律法规政策、公司规定、公司内控系统等强制性规定对经理人行为进行限制与约束，相对于前两者的引导性，更具有控制性，较多体现的是一种事后惩罚。因此，上述多种机制的有效构建与运作，是构建完善的经理人市场的关键。

（2）以资本市场状况为情境因素。我国资本市场信号传递功能的缺失与外部制度约束功能的薄弱是阻碍股权激励制度有效推行的主要"瓶颈"。如市场上的价格信号大多反映的是股票面对过多资金追逐时的稀缺程度，而有关对公司真实价值的评判信号和对投资机会的发掘信号却很少。在市场行情好的时候，经营者不需努力就可以使股价上涨获得财富增值，相反，在市场低迷的时候，经营者即使再努力也未必能够促进股价的提升，也即市场还不能对公司的盈利能力和经理人的努力水平给予客观的评价[①]。在市场有效性程度不足与相关体制不完善的情况下，上市公司推行股权激励制度的实践效果将大幅缩减，甚至引发新的道德风险。我国资本市场只有实现从政策性工具向真正实现资源配置的场所转变，其股价信号能真正反映企业的客观价值，股权激励制度才能达到预期的效果。股权激励的核心内涵要求股票的市场价格必须真实反映公司的经营情况，股票市场必须满足强式市场有效率假设，即公司股票的市场价格包含所有与公司经营有关的信息，而且包含专家对公司经营情况和经济情况的预测。资本市场所提供的上市公司价值信息的真实性，是对经理人进行股权激励的重要前提。虽然公司业绩与公司价值之

---

① 向显湖、钟文：《试论企业经营者股权激励与人力资本产权收益》，载《会计研究》2010年第10期，第67~73页。

间存在一定的相关性，但在这种投机性较强的资本市场里，公司经理人员的努力与从市场获得较高的回报并不存在明确的正向关系。

（3）以市场竞争程度为情境因素。根据超产权理论，依靠利润激励去驱动经营者的努力必须要以市场竞争为前提。给定利润激励，市场竞争就像是一个放大器，竞争越激烈，利润刺激经理努力工作的作用也就越大[1]。产品（要素）市场的竞争程度，反映了企业业绩的取得与经营者努力程度的关系。同时，通过反映产品价格信息进而反映产品生产信息，以及经营者隐性收入给企业造成的成本，以反映经营者的经营管理活动，达到控制约束的目的。因此，利润激励对其激励作用也就愈发明显。如果企业的产品在同行业中具有较强的竞争力，则也有力地证明了负责该产品的经理人具有较强的经营管理能力，相反，如果企业的产品在同行业中毫无竞争力，则说明该经理人的能力与努力程度均有限。产品市场的约束效应是通过经理人市场间接传递的，产品市场的充分竞争，经理人市场的信号传递与竞争功能才会增强。产品市场的充分竞争需要公平的法律环境的支持，即打破地区与专业领域，对于同类产品在产品市场上不能有歧视或限制，同时要防止垄断的发生。只有在公平竞争的法律环境之下，产品市场的充分竞争才可能出现，才能真正有效地从外部约束经理人的经营行为[2]。但由于产品市场控制作用的滞后性，因此需要与其他机制与途径的配合。

本 章 小 结

本章根据前文的理论分析与实证研究结论，构建技术创新导向的高管激励契约整合效应实现机制。该机制包含技术创新导向的高管激励契

---

[1] 程柯、陈海峰：《"超产权"理论的模型、推演与启示》，载《产业经济研究》2004年第1期，第59~65页。

[2] 陈文：《股权激励与公司治理法律实务》，法律出版社2006年版。

约设计与基于多层次情境因素的高管激励契约动态配置两个子机制，两者的共同运作，是高管激励契约整合效应实现的前提与基础。

首先，应建立以技术创新动态能力构建为核心，强化股权激励与声誉激励，弱化薪酬激励与控制权激励的高管激励契约整合机制。基于该机制的优化措施包括：进行技术创新导向的高管绩效考核指标体系重构，即在该体系中加入技术创新动态能力及其三个构成维度指标；强化股权激励对于技术创新动态能力的作用，优化股权激励契约结构设计并加强对股权激励实施过程的监督；构建科学合理的经理人声誉评价与传递机制，充分发挥声誉激励对技术创新动态能力的促进效应；适度调节薪酬激励水平，加强高管薪酬激励与上市公司技术创新绩效之间的敏感度；将控制权激励力度控制在合理范围内，并尽量削弱控制权激励的消极性及其对技术创新的抑制效应。

其次，基于多层次情境因素的高管激励契约动态配置机制旨在揭示在不同层次的情境因素影响之下，显性激励与隐性激励、短期薪酬激励与长期股权激励、控制权激励与声誉激励等激励契约之间如何进行合理配置并实现协同。情境因素一般分为三个层面：高管个体层面、公司层面与制度环境层面。高管个体层面的情境因素是较为微观的一个层面，以高管人口统计特征与个性特征、高管职业背景、高管教育背景等为主。公司层面的情境因素是中观层面的因素，以公司基本特征、公司治理特征以及公司战略特征为主。制度环境层面的情境因素是宏观层面的因素，以经理人市场状况、资本市场状况以及市场竞争程度为主。

第8章

结论与展望

8.1 主要研究结论

随着创新经济学的发展，传统公司治理理论向组织控制理论进行了演进。组织控制理论通过聚集于生产领域的创新活动，推演出创新对公司治理机制的要求，其核心是"价值创造"。单边治理与共同治理局限性的凸显与金融危机的爆发，促进了公司治理理论从以"价值分配"为导向到以"价值创造"为导向的演进路径。而基于该演进趋势，高管激励效应也应进行重新界定与测度。本书在对上述演进路径进行深入分析的基础上，以动态能力理论为基础，构建技术创新动态能力核心构念，并对其进行维度解构。继而对高管激励契约的特点与作用机理进行比较，对高管激励契约的整合机理进行阐释，并运用中国高科技上市公司的平衡面板数据，对单一高管激励契约以及高管激励契约整合对技术创新动态能力的影响进行实证检验。最后，根据理论与实证研究结论，构建了高管激励契约整合的价值创造效应实现模型。主要结论如下：

第一，随着创新经济学的发展，传统公司治理理论向组织控制理论进行了演进。组织控制理论通过聚集于生产领域的创新活动，推演出创新对公司治理机制的要求，其核心是"价值创造"。组织控制理论指出，推动企业创新的公司治理机制必须体现财务支持、组织整合和战略控制。作为公司主要的"内部人"的高管，拥有资源配置权力，成为推动企业创新的主要力量。高管激励作为重要的治理机制，也应该从价值创造视角出发，以企业技术创新动态能力的构建为导向进行重新界定与系统诠释。

第二，高管激励的价值创造效应主要的表现是对技术创新动态能力的促进效应。技术创新动态能力是指企业持续地进行一定的技术创新投入，带来相应的技术创新产出，并能进行有效技术创新转化的能力，由投入能力、产出能力与转化能力三个维度构成的。技术创新投入是技术创新的必要条件，也是创新过程的开端，只有投入足够的物质资本与人力资本，才能为创新提供丰富的资源条件。技术创新产出是技术创新过程的直接成果，如专利等。但需要强调的是，技术创新产出也是创新过程的一部分，并不是最终成果。若想技术创新能够真正地创造价值，还必须进行有效的转化。技术创新产出经过转化，成为能够为公司创造价值的资产，才真正实现了技术创新的目的。

第三，显性激励的内涵是"具有明确的契约条款及时限规定，并且激励标准能够被准确测量的高管激励契约方式的总称"，一般主要包括现金薪酬激励（以年薪制为主）与股权激励两类方式。隐性激励的内涵是"不具有明确的契约条款及时限规定，并且激励标准不能够被准确测量的高管激励契约方式的总称"，一般包括控制权激励与声誉激励两类主要方式。薪酬激励的作用机理是将高管当期收益与公司的短期绩效相结合，股权激励的作用机理是将高管中长期收益与公司的中长期价值相结合，控制权激励的作用机理是将高管的特定权力与公司的长期存在相结合，声誉激励的作用机理是将对高管个人的认同与公司的持续成长相结合。

第四，不同的高管激励契约具有各自的特性与作用机理，对于技术创新动态能力的影响也不同。单一高管薪酬激励契约与技术创新动态能力之间并不具有显著的直接关联性，甚至对技术创新转化能力会产生一定的负向影响；单一股权激励契约与技术创新投入能力之间具有显著的倒"U"型关系，但与技术创新动态能力及其他两个维度之间并不具有显著关联性；单一控制权激励契约与技术创新动态能力及其三个维度之间均存在倒"U"型关系；单一声誉激励契约与技术创新动态能力之间不存在显著的直接关联性。上述实证结果均表明，单一运用任何一种高管激励契约，均难以对技术创新产生显著的促进效应。

第五，对高管激励契约进行整合的确能够对技术创新动态能力产生更好的促进效应。具体而言，包含股权激励的复合型显性激励契约配置方式与单一型显性激励契约配置方式相比，能够更好地促进上市公司的技术创新动态能力，薪酬激励与股权激励在对技术创新动态能力作用的过程中具有互补效应；包含声誉激励的复合型隐性激励契约配置方式与单一型隐性激励契约配置方式相比，能够更好地促进上市公司的技术创新动态能力，控制权激励与声誉激励在对技术创新动态能力作用的过程中具有互补效应；采用全部显性与隐性激励契约的全面复合型激励契约配置方式与其他非全面复合型激励契约配置方式相比，能够更好地促进技术创新动态能力，并且在对技术创新动态能力作用的过程中，薪酬激励、股权激励与控制权激励之间，薪酬激励、股权激励与声誉激励之间均具有三维交互效应，即它们的整合能够对技术创新动态能力产生更好的促进效应。

第六，技术创新导向的高管激励契约整合效应实现机制由技术创新导向的高管激励契约设计与基于多层次情境因素的高管激励契约动态配置两个子机制构成，它们的共同运作，是高管激励契约整合的技术创新促进效应实现的前提与基础。

8.2

局限性与未来研究展望

1. 研究局限性

（1）由于高科技上市公司在技术创新方面的典型性，本书选择中国高科技上市公司作为实证研究的样本。但因为高科技上市公司所处行业的特殊性,针对该样本所获的实证研究结论有可能难以推广到其他行业的上市公司或者全部上市公司。因此,本书在研究对象的选择方面具有一定的局限性。后续研究将进一步对其他行业的上市公司,甚至非上市公司进行拓展研究。

(2) 对于控制权激励与声誉激励等隐性激励变量的界定与计算方式在现阶段还未统一。根据以往研究文献以及对部分上市公司高管进行访谈的结果,本书选择在职消费作为控制权激励水平的操作变量,选择获得奖励的高管占所有高管的比例作为声誉激励水平的操作变量,还存在一定的局限性。后续研究将进一步对隐性激励机制的测量进行深入探讨,借鉴心理学等学科的方法,以期开发出客观的量表,从而为该领域的研究提供良好的基础。

(3) 本书对高管激励对于技术创新动态能力的整合效应进行了实证检验,并提出了基于多层次情境因素的高管激励契约动态配置机制。但由于篇幅与水平所限,仅对该机制进行了理论层面的分析,未进行进一步的实证探讨。后续研究将通过实证分析与案例研究,深入探讨如何根据不同情境因素的变化,对高管激励契约进行动态配置,为企业进行高管激励契约设计提供更为可靠的经验证据。

2. 未来研究展望

基于理论演进与实践发展的共同驱动,针对该命题的研究将继续成为理论界与实践界关注的焦点。后续研究可以从以下问题入手对该命题进行深化与拓展:

第一,以创新经济学中技术创新与制度创新的互动关系为基础,深入探究高管激励契约与技术创新之间的内在关联机理。后续研究应将直接关联观、动态权变观与系统整合观相结合,即深入研究在不同情境因素的调节作用下,不同高管激励契约的配置与协同如何对技术创新产生影响。具体而言,应该首先对高管激励契约配置及整合方式进行全新解构与界定,然后,对不同整合方式对技术创新绩效产生促进效应的作用机理、情境因素与实现途径等进行深入剖析。

第二，进一步揭示高管团队特征或高管行为等微观情境因素对高管激励与技术创新关系的调节作用。高管团队特征，如人口统计特征、异质性特征、人力资本特征、社会资本特征等是影响高管激励效应发挥的重要因素。此外，高管个性特征或行为也在一定程度上影响到高管激励效应的实现。运用社会学与心理学等相关知识与研究方法，针对不同的高管团队特征或高管行为，制定具有差异化的激励契约，是企业实践的必然要求，也是该命题应该拓展的重要方向。

第三，将协同理论的基本思想应用于高管激励契约系统构建的研究，构建高管激励契约协同度测量模型，揭示不同子契约之间的协同关系。以往学者对于高管激励契约之间的关系多关注于其组合效应，有关其协同效应并未涉及。但"组合"并不等同于"协同"。将协同学的基本思想应用于高管激励契约的研究，其主旨是通过高管显性激励与隐性激励、短期激励与长期激励的合理配置，实现高管激励子契约的协调一致，共同作用，产生新的更好的激励功能。可利用熵理论和耗散结构理论的相关观点，构建创新导向的高管激励契约协同度测量模型，经过适当的改进后应用于不同激励契约协同度的测量。

参 考 文 献

[1] Aghion, Philippe, and Jean Tirole. The Management of Innovation. Quarterly Journal of Economics, 1994, 109 (4): 1185 – 1209.

[2] Agarwal N. C. Determinants of Executive Compensation. Industrial Relations, 1981, 20: 36 – 46.

[3] Aguilera R. V. and Jackson G. The Cross-national Diversity of Corporate Governance: Dimensions and determinants. Academic of Management Review, 2003, 28 (3): 447 – 465.

[4] Alessandri T M, Pattit J M. Drivers of R&D investment: The interaction of behavioral theory and managerial incentives. Journal of Business Research, 2014, 67 (2): 151 – 158.

[5] Anand, Bharat N., and Alexander Galetovic. Weak Property Rights and Holdup in R&D. Journal of Economics and Management Strategy, 2000, 9 (4): 615 – 642.

[6] Anton, James J., and Dennis A. Yao. Expropriation and Inventions: Appropriable Rents in the Absence of Property Rights. American Economic Review, 1994, 4 (1): 190 – 209.

[7] Anton, James J., and Dennis A. Yao. Start – Ups, Spin – Offs, and Internal Projects. Journal of Law, Economics, and Organization, 1995, 11 (2): 362 – 378.

[8] Andrew J. Ward, Jill A. Brown, Dan Rodriguez. Governance Bundles, Firm Performance, and the Substitutability and Complementarity of governance mechanisms. Corporate Governance: An International Review,

2009, 17 (5): 646 - 660.

[9] Archambeault, S. D., Dezoort, F. T., Hermanson, D. R. Audit Committee Incentive Compensation and Accounting restatements. Contemporary Accounting Research, 2008, 25 (4): 965 - 992.

[10] Baeten X., Balkin D. and Van den Berghe L. Beyond Agency Theory: A Three - Paradigm Approach to Executive Compensation. The IUP Journal of Corporate Governance, 2011, X (4): 8 - 36.

[11] Balkin D. B., et al. Is CEO Pay in High-technology Firms Related to Innovation? . Academy of Management Journal, 2000, 43 (6): 1118 - 1129.

[12] Banker R., et al. Equity Incentives and Long-term Value Created by SG&A expenditure. Contemporary Accounting Research, 2011, 28 (3): 794 - 830.

[13] Bantel K A, Jackson S E. Top Management and Innovations in Banking: Does the Composition of the Top Team Make a Difference? Strategic Management Journal, 1989, 10 (S1): 107 - 124.

[14] Baranchuk N., Kieschnick R., Moussawi R. Motivating Innovation in Newly Public firms. Journal of Financial Economics, 2014, 111 (3): 578 - 588.

[15] Barros H. M. and Lazzarini S. G. Do Organizational Incentives Spur innovation? Brazilian Administration Review, 2012, 9 (3): 308 - 328.

[16] Bebchuk, Lucian Arye, and Fried, Jesse. Executive Compensation as an Agency Problem. Journal of Economic Perspectives, 2003, 17 (3): 71 - 92.

[17] Bednar M. K., Love E. G., Kraatz M. Paying the Price? The Impact of Controversial Governance Practices on Managerial Reputation. Academy of Management Journal, 2015, 58 (6): 1740 - 1760.

[18] Belloc F. Corporate Governance and Innovation: A Survey. Journal of Economic Surveys, 2012, 26 (5): 835 - 864.

[19] Bens D., et al. Real investment implications of employee stock option exercises. Journal of Accounting Research. 2002, 40 (2): 359 –393.

[20] Bulan L. and Sanyal P. Incentivizing Managers to Build Innovative Firms. Annals of Finance 2011, 7 (2): 267 –283.

[21] Cambini C., Rondi L., De Masi S. Incentive Compensation in Energy Firms: Does Regulation Matter? Corporate Governance: An International Review, 2015, 23 (4): 378 –395.

[22] Carpenter, M. A. and Westphal, J. D. The Strategic Context of External Network ties: Examining the Impact of Director Appointments on Board Involvement in Strategic Decision Making. Academy of Management Journal, 2001, 44: 639 –60.

[23] Collins, G., Gardiner, P., Heaton, A., Macrosson, K. and Tait, J. The Management of Technology: An Essential Part of Training for Engineers and Scientists. International Journal of Technology Management, 1991, 6: 568 –93.

[24] Croby M. Patents, Innovation and Growth. The Economic Record, 2000, 76 (234): 255 –262.

[25] Chen M – Y. Managerial Compensation and R&D Investments: The Role of the External Managerial Labor Market. International Review of Applied Economics, 2010, 24 (5): 553 –572.

[26] Cho S. Agency costs, Management Stockholding, and Research and Development Expenditures. Seoul Journal of Economics, 1992, 5 (2): 127 –152.

[27] Dale – Olsen H. Executive Pay Determination and Firm Performance: Empirical evidence from a Compressed Wage Environment. Manchester School Journal, 2012, 80 (3): 355 –376.

[28] Dong, Jing, Gou, Yan-nan. Corporate Governance Structure, Managerial Discretion, and the R&D Investment in China. International Review of Economics & Finance, 2010, 19 (2): 180 –188.

[29] Danneels E. The Dynamics of Product Innovation and Firm Competences. Strategic management journal, 2002, 23 (12): 1095 – 1121.

[30] Dur, Robert, Arjan Non, and Hein Roelfsema. Reciprocity and Incentive Pay in the Workplace. Journal of Economic Psychology, 2010, 31 (4): 676 – 686.

[31] Dechow P. , R. Sloan. Executive Incentives and the Horizon Problem. Journal of Accounting and Economics, 1991 (14): 51 – 89.

[32] Dewatripont M. & J. Tirole. A theory of Debt and Equity. Quarterly Journal of Economics, 1994 (109): 1027 – 1054.

[33] David P. , Hitt M. A. , Gimeno J. The Influence of Activism by Institutional Investors on R&D. Academy of Mangement Journal, 2001, 44 (2): 144 – 157.

[34] Jing D. and Gou Y – N. Corporate Governance Structure, Managerial Discretion, and the R&D Investment in China. International Review of Economics & Finance, 2010, 19 (2): 180 – 188.

[35] Edmans A. , et al. Dynamic CEO Compensation. Journal of Finance, 2012, 67 (5): 1603 – 1647.

[36] Fama, Eugene F. , and Jensen, Michael C. Agency Problems and Residual Claims. Journal of Law & Economics, 1983, 26 (2): 327 – 349.

[37] Fenn, G. , and Liang, N. Corporate Payout Policy and Managerial Stock Incentives. Journal of Financial Economics. 2001, 60: 45 – 72.

[38] Fong E. A. Relative CEO Underpayment and CEO Behavior Towards R&D Spending. Journal of Management Studies, 2012, 47 (6): 1095 – 1122.

[39] Francis J. and Smith A. Agency Costs and Innovation: Some Empirical Evidence. Journal of Accounting and Economics, 1995, 19 (2): 383 – 409.

[40] Filatotchev I. and Allcock D. Corporate Governance and Executive Remuneration: A Contingency Framework. Academy of Management Perspec-

tives, 2010, 24 (1): 20 -33.

[41] Granovetter, M. Economic Action and Social Structure: The Problem of Embeddedness. American Journal of Sociology, 1985, 191 (3).

[42] Gans J S, Stern S. Incumbency and R&D Incentives: Licensing the Gale of Creative Destruction. Journal of Economics & Management Strategy, 1999, 9 (4): 485 -511.

[43] Gans, Joshua S. , and Scott Stern. The Product Market and the Market For 'Ideas': Commercialization Strategies for Technology Entrepreneurs. Research Policy, 2003, 32 (2): 333 -50.

[44] Gibbons, Robert. Incentives in Organizations. Journal of Economic Perspectives, 1998, 12 (4): 115 -32.

[45] Grossman, Sanford J. , and Oliver D. Hart. The Costs and Benefits of Ownership: A Theory of Vertical and Lateral Integration. Journal of Political Economy, 1986, 94 (4): 691 -719.

[46] Groysberg, Boris, Ashish Nanda, and M. Julia Prats. Does Individual Performance Affect Entrepreneurial Mobility? Empirical Evidence from the Financial Analysis Market. Journal of Financial Transformation, 2009, 25: 95 -106.

[47] Hakonsson H. Industrial Technological Development: A Network Approach. London 1987.

[48] Harley E. , Ryan, Jr. , Roy A. The Interactions between R&D Investment Decisions and Compensation Policy. Financial Management, 2002 (1): 5 -29.

[49] Hemmer, T. , O. Kim, and R. Verrecchia. Introducing Convexity into Optimal Compensation Contacts. Journal of Accounting and Economics, 1999, 28: 307 -327.

[50] Hellmann T. and Thiele V. Incentives and Innovation: A Multitasking Approach. American Economic Journal: Microeconomics, 2011, 3 (1): 78 -128.

[51] Highhouse, S., Brooks, M. E., & Gregarus, G. An organization Impression Management Perspective on the Formation of Corporate Reputation. Journal of Management, 2009, 35 (6): 1481 – 1493.

[52] Hoskisson R. E., et al. Complementarity in Monitoring and Bonding: More intense Monitoring Leads to Higher Executive Compensation. Academy of Management Perspectives, 2009, 23 (2): 57 – 74.

[53] Holthausen R. W., et al. Business Unit Innovation and the Structure of Executive Compensation. Journal of Accounting and Economics, 1995, 19 (2 – 3): 279 – 313.

[54] Holden, C., and L. Lundstrum. Costly Tading, Managerial Myopia and Long-term Investment. Journal of Empirical Finance, 2009, 16 (4): 126 – 135.

[55] Jacobs, M. T. Short-term America: The Cause and Cures of our Business Myopia. Boston, MA: Harvard Business School Press, 1991.

[56] Jensen M. C. and Meckling W. H. Theory of the firm: Managerial Behavior, Agency Costs and Ownership Structure. Journal of Financial Economics, 1976, 3 (4): 305 – 360.

[57] Jensen M. C. and MurPhy K. J. CEO incentives – It's not how much you pay, but how. Harvard Business Review, 1990, 68 (3): 138 – 149.

[58] Kor Y. Y., Sundaramurthy C. Experience-based Human Capital Theory of Director Selection. Journal of Management, 2009, 35 (4): 282 – 293.

[59] Kay I. T. and Putten S. V. Myths and Reslities of Excutive Pay. United Kingdom: Combridge University Press, 2010: 5.

[60] Kreps, D. J. Roberts. Predation, Reputation and Entry Deterrence. Journal of Economic Theory, 1982, (27): 280 – 312.

[61] Lawson B., Samson D. Developing Innovation Capability in Organizations: A Dynamic Capabilities Approach. International Journal of Innovation Management, 2001, 5 (3): 377 – 400.

[62] Lazonick, W. The US Stock Market and the Governance of Inno-

vative Enterprise. Industrial and Corporate Change. 2007, 16 (6): 983 – 1035.

[63] Lambert, R. Executive Effort and Selection of Risky Projects. Rand Journal Economics, 1986, 17: 77 – 88.

[64] Laux V. Executive Pay, Innovation, and Risk – Taking. Journal of Economics & Management Strategy, 2015, 24 (2): 275 – 305.

[65] Lee, P. M. & O' Neill, H. M. Ownership Structures and R&D Investments of U. S. and Japanese firms: Agency and Stewardship Perspectives. Academy of Management Journal, 2003, 46: 212 – 225.

[66] Lerner J. and Wulf J. Innovation and Incentives: Evidence from Corporate R&D. Rev. Econ. Stat. , 2007, 89 (4): 634 – 644.

[67] Lichtenthaler U. , Muethel M. The Impact of Family Involvement on Dynamic Innovation Capabilities: Evidence from German Manufacturing Firms. Entrepreneurship Theory and Practice, 2012, 36 (6): 1235 – 1253.

[68] Lin C, et al. Managerial Incentives, CEO characteristics and corporate innovation in China's private sector. Journal of Comparative Economics, 2011, 39 (2): 176 – 190.

[69] Makri M. , et al. CEO Incentives, Innovation, and Performance in Technology-intensive Firms: A Reconciliation Outcome and Behavior-based Incentive Schemes. Strategic Management Journal, 2006, 27 (11): 1057 – 1080.

[70] Manso G. Motivating Innovation. Journal of Finance, 2011, 66 (5): 1823 – 1860.

[71] McGee J. E. , Dowling M. J. Using R&D Cooperative Arrangements to Complement Existing Internal Resources: A Study of Technology Intensive New Ventures. Journal of Business Venturing, 1994, 9 (1): 33 – 48.

[72] Morck R. , et al. Management Ownership and Market Valuation: An Empirical Analysis. Journal of Financial Economics, 1988, 20 (1 – 2): 293 – 315.

[73] Murphy, K. Executive Compensation. O. Ashenfelter and D. Card. Handbook of labor economics. Amsterdam: North-Holland Publishers, 1999: 2485-2563.

[74] Myers, S. The Capital Structure Puzzle. Journal of Finance, 1984, 39: 575-592.

[75] O' Sullivan M. The Innovation Enterprise and Corporate Governance. Cambridge Journal o f Economics, 2000, 24 (4): 393-416.

[76] Polanyi, K. The Economy as Instituted Process in the Sociology of Economic Life . Granovetter, M. , and R. Swedberg. Trade and Market in Early Empire. Boulder, CO: Westview Press, 1957.

[77] Peng L. , Röell A. Managerial Incentives and Stock Price Manipulation. Journal of Finance, 2009, 69 (7442): 487-526.

[78] Rajan R. and Wulf J. Are Perks Purely Managerial Excess. Journal of Financial Economics, 2006 (79): 1-33.

[79] Ryan H. E. Jr. and Roy A. The Interactions between R&D Investment Decisions and Compensation Policy. Financial Management, 2002, 31 (1): 5-29.

[80] Rutherford, M. A. , Buchholtz, A. B. , & Brown, J. Examining the Relationships between Monitoring and Incentives in Corporate Governance. Journal of Management Studies, 2007 (44): 414-430.

[81] Spence M. Job Market Signaling. Quarterly Journal of Economics, 1973, 87 (3): 355-374.

[82] Scharfstein, David. The Disciplinary Role of Takeovers. Review of Economic Studies, 1988, 55 (2): 185-199.

[83] Shleifer, A. and Vishny, T. W. A survey of Corporate Governance. Journal of Finance, 1997 (52): 737-783.

[84] Smith, C. and R. Watts. The Investment Opportunity Set and Corporate Financing, Dividend, and Compensation Policies. Journal of Financial Economics, 1992, 32: 263-292.

[85] Stephen G. Sapp. The Impact of Corporate Governance on Executive Compensation. European Financial Management, 2008, 14 (4): 710-746.

[86] Stulz, R. Managerial Control of Voting Rights: Financing Policies and the Market for Corporate Control. Journal of Financial Economics, 1988, 20 (1-2): 25-54.

[87] Stulz, R. Managerial Discretion and Optimal Financial Policies. Journal of Financial Economic, 1990, (26): 2-27.

[88] Subramanian, Narayanan. The Economics of Intrapreneurial Innovation. Journal of Economic Behavior and Organization, 2005, 58 (4): 487-510.

[89] Taylor R N. Age and Experience as Determinants of Managerial Information Processing and Decision Making Performance. Academy of Management Journal, 1975, 18 (1): 74-81.

[90] Teece D. J. Explicating Dynamic Capabilities: The Nature and Micro Foundations of (sustainable) Enterprise Performance. Strategic management journal, 2007, 28 (13): 1319-1350.

[91] Tien C-L and Chen C-N. Myth or reality? Assessing the Moderating Role of CEO Compensation on the Momentum of Innovation in R&D. International Journal of Human Resource Management, 2012, 23 (13): 2763-2784.

[92] Williamson, O. E. The Economic Institutions of Capitalism. New York: Free Press, 1985.

[93] Wu J-F, and Tu R-T. CEO Stock Option Pay and R&D Spending: A Behavioral Agency Explanation. Journal of Business Research, 2007, 60 (5): 482-492.

[94] Wright L T, Narrow C. Improving Marketing Communication & Innovation Strategies in the Small Business Context. Small Business Economics, 2001, 16 (2): 113-123.

[95] Wolfe, R. A. Organizational Innovation: Review, Critique and

Suggested Research Directions. Journal of Management Studies, May, 1994, 31 (3), 405 – 425.

[96] Xue Y – F. Make or Buy New Technology: The Role of CEO Compensation Contract in a Firm's Route to Innovation. Review of Accounting Studies, 2007, 12 (4): 659 – 690.

[97] Van den Steen. Too Motivated? MIT Sloan Working Paper. 2005: 4547.

[98] Vafai Kouroche. Collusion and Organization Design. Economica, 2005 (72): 17 – 37.

[99] Viral V. Acharya, Alberto Bisin. Managerial Hedging, Equity Ownership, and Firm Value. Journal of Economics, 2009, 40 (1): 47 – 77.

[100] Volker, Laux. On the Benefits of Allowing CEOs to Time their Stock Option Exercises. Journal of Economics, 2010, 41 (1): 118 – 138.

[101] Yermack, D. Do Corporations Award CEO Stock Options Effectively?. Journal of Financial Economics, 1995, 39: 237 – 269.

[102] Zvi Griliches. Patent Statistics as Economic Indicators: A survey. Journal of Economic Literature, 1999, 28 (4): 1661 – 1707.

[103] [美] 奥沙利文 (O' Sullivan):《公司治理百年——美国和德国公司治理演变》, 人民邮电出版社2007年版。

[104] [美] 道格拉斯·C. 诺斯:《制度、制度变迁与经济绩效》, 上海人民出版社1994年版。

[105] 蔡晓月:《熊彼特式创新的经济学分析——创新原域、连接与变迁》, 复旦大学出版社2009年版。

[106] 曹红军、赵剑波、王以华:《动态能力的维度：基于中国企业的实证研究》, 载《科学学研究》2009年第1期, 第36~44页。

[107] 曹崇延、王淮学:《企业技术创新能力评价指标体系研究》, 载《预测》1998年第2期, 第66~68页。

[108] 陈冬华、梁上坤、蒋德权:《不同市场化进程下高管激励契约的成本与选择：货币薪酬与在职消费》, 载《会计研究》2010年第

11期，第56~65页。

[109] 陈冬华、陈信元、万华林：《国有企业中的薪酬管制与在职消费》，载《经济研究》2005年第2期，第92~101页。

[110] 陈昆玉：《创新型企业的创新活动、股权结构与经营业绩——来自中国A股市场的经验证据》，载《宏观经济研究》2010年第4期，第49~57页。

[111] 陈文：《股权激励与公司治理法律实务》，法律出版社2006年版。

[112] 陈晓红、李喜华、曹裕：《技术创新对中小企业成长的影响——基于我国中小企业板上市公司的实证分析》，载《科学学与科学技术管理》2009年第4期，第91~98页。

[113] 程柯、陈海峰：《"超产权"理论的模型、推演与启示》，载《产业经济研究》2004年第1期，第59~65页。

[114] 邓金堂：《基于自主创新目标的国有高技术企业激励机制研究》，经济科学出版社2007年版。

[115] 冯根福、赵珏航：《管理者薪酬、在职消费与公司绩效——基于合作博弈的分析视角》，载《中国工业经济》2012年第6期，第147~160页。

[116] 高明华：《中国上市公司高管薪酬指数报告》，经济科学出版社2011年版。

[117] 顾群、翟淑萍：《融资约束、代理成本与企业创新效率——来自上市高新技术企业的经验证据》，载《经济与管理研究》2012年第5期，第73~80页。

[118] 胡恩华：《企业技术创新能力指标体系的构建及综合评价》，载《科研管理》2001年第4期：第79~84页。

[119] 黄继承、盛明泉：《高管背景特征具有信息含量吗？》，载《管理世界》2013年第9期，第144~153页。

[120] 黄慧群：《控制权作为企业家的激励约束因素：理论分析及现实解释意义》，载《经济研究》2000年第1期，第41~47页。

[121] 黄再胜：《经理薪酬激励风险效应与风险治理研究述评》，载《外国经理与管理》2012年第5期，第67~74页。

[122] 姜付秀、黄继承：《经理激励、负债与企业价值》，载《经济研究》2011年第5期，第46~60页。

[123] 李春涛、宋敏：《中国制造业企业的创新活动：所有制和CEO激励的作用》，载《经济研究》2010年第5期，第55~67页。

[124] 李强：《基于DEA方法的我国中小企业技术创新效率研究——以深交所中小上市公司为例》，载《科技管理研究》2010年第10期，第43~45页。

[125] 李维安、刘绪光、陈靖涵：《经理才能、公司治理与契约参照点——中国上市公司高管薪酬决定因素的理论与实证分析》，载《南开管理评论》2010年第2期，第4~15页。

[126] 梁莱歆、马如飞：《R&D资金管理与企业自主创新——基于我国信息技术类上市公司的实证分析》，载《财经研究》2009年第8期，第49~59页。

[127] 林海芬、苏敬勤：《管理创新效力机制研究：基于动态能力观视角的研究框架》，载《管理评论》2012年第3期，第49~57页。

[128] 刘金石、王贵：《公司治理理论：异同探源、评介与比较》，载《经济学动态》2011年第5期，第80~85页。

[129] 刘微微、张铁男：《企业创新能力动态综合评价研究》，载《中国管理科学》2011年第10期，第789~793页。

[130] 刘星、张建斌：《中国上市银行公司治理与创新能力的实证研究》，载《重庆大学学报（社会科学版）》2010年第6期，第44~48页。

[131] 刘烨、李凯、高菲：《高科技公司的治理特征与绩效的实证研究》，载《科学学研究》2009年第1期，第87~92页。

[132] 陆国庆：《中国中小板上市公司产业创新的绩效研究》，载《经济研究》2011年第2期，第138~148页。

[133] 吕长江、郑慧莲、严明珠、许静静：《上市公司股权激励制度设计：是激励还是福利?》，载《管理世界》2009年第9期，第133~

147 页。

[134] 吕一博、苏敬勤：《"创新过程"视角的中小企业创新能力结构化评价研究》，载《科学学与科学技术管理》2011 年第 8 期，第 59~64 页。

[135] 马永斌：《公司治理与股权激励》，清华大学出版社 2010 年版。

[136] 茂宁：《无形资产在企业价值创造中的作用与机理分析》，载《外国经济与管理》2001 年第 7 期，第 2~8 页。

[137] 缪荣、茅宁：《中国公司声誉测量指标构建的实证研究》，载《南开管理评论》2007 年第 4 期，第 91~96 页。

[138] 宁连举、李萌：《基于因子分析法构建大中型工业企业技术创新能力评价模型》，载《科研管理》2011 年第 3 期，第 51~58 页。

[139] 沈乐平、张永莲：《公司治理原理与案例》，东北财经大学出版社 2009 年版。

[140] 石军伟、胡立君、付海艳：《企业社会责任、社会资本与组织竞争优势：一个战略互动视角——基于中国转型期经验的实证研究》，载《中国工业经济》2009 年第 11 期，第 87~98 页。

[141] 苏冬蔚、林大庞：《股权激励、盈余管理与公司治理》，载《经济研究》2010 年第 11 期，第 88~99 页。

[142] 孙世敏、王昂、贾剑峰：《基于价值创造和动态基础薪酬的经营者激励机制研究》，载《中国管理科学》2011 年第 5 期，第 153~159 页。

[143] 唐清泉、徐欣、曹媛：《股权激励、研发投入与企业可持续发展——来自中国上市公司的证据》，载《山西财经大学学报》2009 年第 8 期，第 77~84 页。

[144] 王昌林、蒲勇健：《企业技术创新中的控制权激励机制研究》，载《管理工程学报》2005 年第 3 期，第 52~56 页。

[145] 王华、黄之骏：《经营者股权激励、董事会组成与企业价值——基于内生性视角的经验分析》，载《管理世界》2006 年第 9 期，

第102~116页。

［146］王帅、徐宁：《公司高管声誉的三重激励效用及其实现途径——基于单案例的探索性研究》，载《经济与管理研究》2016年第2期，第124~131页。

［147］韦小柯：《高层管理团队特征与企业R&D投入关系研究》，载《科学学研究》2006年第12期，第553~558页。

［148］魏江、寒午：《企业技术创新能力的界定及其与核心能力的关联》，载《科研管理》1998年第6期，第12~17页。

［149］吴建祥、李秉祥：《经理管理防御对经理人薪酬及薪酬业绩敏感性影响分析——来自我国制造业上市公司的经验证据》，载《现代财经》2013年第1期，第97~107页。

［150］吴育辉、吴世农：《企业高管自利行为——基于我国上市公司股权激励草案的证据》，载《管理世界》2010年第5期，第141~149页。

［151］夏芸、唐清泉：《最终控制人、高管薪酬与技术创新》，载《山西财经大学学报》2011年第5期，第86~92页。

［152］向显湖、钟文：《试论企业经营者股权激励与人力资本产权收益》，载《会计研究》2010年第10期，第67~73页。

［153］徐宁、王帅：《高管激励与技术创新关系研究前沿探析与未来展望》，载《外国经济与管理》2013年第6期，第23~32页。

［154］徐宁、王帅：《高管激励契约配置方式比较与协同效应检验——基于我国高科技上市公司动态创新能力构建视角》，载《现代财经（天津财经大学学报）》2013年第8期，第90~100页。

［155］徐宁、徐向艺：《控制权激励双重性与技术创新动态能力——基于高科技上市公司面板数据的实证研究》，载《中国工业经济》2012年第10期，第109~121页。

［156］徐宁、徐向艺：《上市公司股权激励效应研究脉络梳理与不同视角比较》，载《外国经济与管理》2010年第7期，第57~64页。

［157］徐宁、徐向艺：《技术创新导向的高管激励整合效应——

基于高科技上市公司的实证研究》，载《科研管理》2013 年第 9 期，第 46~53 页。

[158] 徐宁：《高科技公司高管股权激励对 R&D 投入的促进效应：一个非线性视角的研究》，载《科学学与科学技术管理》2013 年第 2 期，第 12~19 页。

[159] 徐宁：《中国上市公司股权激励契约安排与制度设计》，经济科学出版社 2012 年版。

[160] 徐宁、吴创：《高管激励契约、技术创新动力与路径选择——来自民营中小上市公司的经验证据》，载《科技进步与对策》2015 年第 4 期，第 71~76 页。

[161] 徐宁、任天龙、吴创：《治理主体间的权力博弈影响了股权激励双重效应吗？——以民营中小上市公司为例》，载《经济评论》2014 年第 3 期，第 64~74 页。

[162] 徐思雅、冯军政：《技术范式转变期大企业如何衰落——动态能力视角》，载《科学学与科学技术管理》2013 年第 10 期，第 31~38 页。

[163] 徐向艺、徐宁：《公司治理研究现状评价与范式辨析——兼论公司治理研究的新趋势》，载《东岳论丛》2012 年第 2 期，第 148~152 页。

[164] 张洪辉、夏天、王宗军：《公司治理对我国企业创新效率影响实证研究》，载《研究与发展管理》2010 年第 3 期，第 44~50 页。

[165] 张琳、黄艳艳：《基于 DEA 方法的创新型企业技术创新能力评价分析》，载《南京工业大学学报（社会科学版）》2012 年第 4 期，第 67~72 页。

[166] 张维迎：《产权、激励与公司治理》，经济科学出版社 2005 年版。

[167] 张玉明、梁益琳：《创新型中小企业成长性评价与预测研究——基于我国创业板上市公司数据》，载《山东大学学报（哲学社会科学版）》2011 年第 5 期，第 32~38 页。

[168] 张震宇、陈劲:《开放式创新环境下中小企业创新特征与实践》,载《科学学研究》2009年第2期,第526~531页。

[169] 郑素丽、章威、吴晓波:《基于知识的动态能力:理论与实证》,载《科学学研究》2010年第3期,第405~411页。

[170] 郑志刚:《投资者之间的利益冲突和公司治理机制的整合》,载《经济研究》2004年第2期,第115~125页。

[171] 周建、任尚华、金媛媛、李小青:《董事会资本对企业R&D支出的影响研究——基于中国沪深两市高科技上市公司的经验证据》,载《研究与开发管理》2012年第1期,第67~76页。

[172] 周其仁:《"控制权回报"和"企业家控制的企业"——"公有制经济"中企业家人力资本产权的案例研究》,载《经济研究》1997年第5期,第31~42页。

后　　记

又是一个毕业季，漫步在盛夏的校园中，会看到许多充满喜悦的年轻脸庞，带着对未来的期许与憧憬，在校园的各个角落留下青春的记忆。2011年的这个时候，我结束了博士阶段的求学生涯，进入山东大学管理学院工商管理系成为一名高校教师。同时，也进入山东大学应用经济学博士后流动站进行博士后阶段的研究工作。在博士后阶段，我对博士期间研究对象进行了深化与拓展，主要聚焦于上市公司高管薪酬、股权、控制权与声誉等激励契约的比较与整合问题，并对高管激励效应进行了重新思考与界定，提出了从"价值分配"到"价值创造"演进的命题，取得了部分研究成果，发表于《经济管理》《中国工业经济》等重要期刊，并获得中国博士后科学基金与山东省博士后创新基金的资助。

为了饯行导师"终生学习"的教诲，我不断鞭策自己在学术研究的道路上继续潜心前行。2013年7月博士后出站之后，我进一步在价值创造导向的高管激励效应方面进行了更为深入的研究，在《科研管理》《科学学与科学技术管理》《经济评论》等重要期刊发表了多篇论文，并于2013年8月获得了国家自然科学基金青年项目的资助，相关研究成果也获得了山东省优秀社科成果奖著作一等奖、论文二等奖等奖励。

在多年的研究工作中，我真正体会到了作为一名学术研究者的艰辛，也体会到了探索前沿寻找未知的乐趣。这些研究工作的完成与研究成果的取得无不凝结了很多无私的帮助与支持，谨在此表示感谢。

首先对我的博士生导师徐向艺教授致以深深的谢意。导师徐向艺教授有着深厚的管理学、经济学与法学等方面的理论建树，也有着多年来与企业进行合作与交流的丰富实践经验，在公司治理研究方面有着独到的见解。在研究报告的选题、成文、修改、定稿等方面，导师给予了我很多无私的指导与帮助，让我深受启迪。在导师的精心安排之下，我能够对山东省部分知名企业的部分高管进行较为深入地交流与访谈，从而对研究工作提供了非常有益的实践指导。在此对导师表示深深的感谢！

感谢山东大学管理学院的领导、老师们，感谢他们在工作与生活上给予我的指导、帮助与支持！感谢学校与学院提供的良好科研环境，使我的学术研究得以顺利进行！

感谢我的亲人与朋友！在多年以来的求学与研究生涯中，他们一直对我表示出无限的支持与无私的付出，让我能够毫无负担地去从事研究工作。在此对他们表示深深的感谢与歉意！

最后，感谢所有在本书的写作、编审、出版过程中付出辛勤劳动的专家、老师和同学们！

徐　宁

2016 年 6 月